Diese Flow gehört:

BEGINN

VOLL DAS LEBEN

Eigentlich bin ich nie allein. Beim Aufwachen liegen mein Mann und/oder ein bis zwei Mädchen neben mir. Die sich dann im Bad, am Frühstückstisch und beim Anziehen im Flur drängeln. In der Bahn: jede Menge Menschen. In der Redaktion? Gut, da habe ich manchmal eine halbe Stunde, bevor die anderen kommen. Und abends geht das Ganze dann rückwärts.

Die meisten der vielen Menschen in meinem Leben mag ich. Manche liebe ich sogar. Und trotzdem wird's manchmal ganz schön eng. Dann bekomme ich Platzangst. Und wünsche mir so sehr einen Raum für mich. Einen, in dem ich vor mich hin kruschteln kann. Meinen Gedanken nachhängen. Die Leere genießen. Ganz ehrlich: Ich habe keine wirkliche Lösung für mein Platzproblem. Aber manchmal hilft es schon, abends um acht noch mal in die Jacke zu schlüpfen und zum Supermarkt zu gehen. Dort, wo es tagsüber auch immer voll ist, schiebe ich dann ganz in Ruhe meinen Wagen durch die Regalreihen, muss noch nicht mal am Pfandautomaten Schlange stehen, mich an niemandem vorbeiquetschen. Wieder zu Hause, schließe ich dann die Tür auf, bei den Kindern läuft noch eine CD, mein Mann will den nächsten Tag planen. Da ist es wieder, mein buntes, volles Leben. Und ich denke: Irgendwie auch gemütlich.
Alles Liebe

Sinja

sinja@flow-magazin.de

Immer über Flow informiert sein? Folgt uns auf Facebook (Flow Magazin), auf Twitter (@FlowMagazin) oder besucht uns bei Instagram (Flow_Magazin).

INHALT

Seite 19 bis 52
Feel connected
Ein Blick auf die Welt und die Menschen um uns

22 SCHÖNE DINGE & IDEEN

25 WAS MACHST DU GERADE?
Wir fragten drei interessante Menschen: die Foodgestalterin Ida Skivenes, die Künstlerin Philippa Stanton und das Kunsthandwerkerpaar Anita Grommes und Frederic Ehmann

32 AUS EINEM NEST
Sie lieben sich, sie streiten sich – Francisca Kramer geht der besonderen Beziehung zwischen Geschwistern auf den Grund

38 DAS LEBEN VON LIZA MARKLUND
Die schwedische Autorin der Annika-Bengtzon-Krimis über ihr Leben in der Vergangenheit, Gegenwart und Zukunft

46 HANDWERKSKUNST IN BRÜGGE
Die belgische Mittelalterstadt ist mehr als ein Freilichtmuseum. Kreative aus allen Bereichen leben und arbeiten hier – und beleben traditionelle Handwerkstechniken neu

52 KOLUMNE
Warum Merle Wuttke öfter mal Fremde zum Tanz auffordern will

Seite 53 bis 78
Live mindfully
Leben im Hier und Jetzt

56 SCHÖNE DINGE & IDEEN

58 REDEN ODER MACHEN?
Wie eine Partnerschaft gelingt, wenn der eine gern alles bespricht und der andere lieber handelt

64 VON DER SCHÖNHEIT
Philosophin Rebekka Reinhard findet es wichtig, dass wir uns selbst kennen. Für sie ist das der Schlüssel zur wahren Schönheit

68 BÜCHER MEINES LEBENS
Katrin Weiland vom Literaturhaus in Hamburg spricht über die fünf Bücher, die sie besonders geprägt haben

72 WUNDERBARE BLEISTIFTE
Eine Liebeserklärung an das Schreibgerät, das es schon seit 200 Jahren gibt – und das auch heute noch einfach gut ist

76 EIN GENUSS: VORFREUDE
Fast alles können wir sofort haben. Dabei ist die Zeit des freudigen Wartens oft so schön. Wie wir sie wieder in unser Leben holen

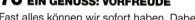

WÜNSCHEN & LOSLASSEN

11 WAS DÜRFEN WIR ERWARTEN?
Egal ob es um den nächsten Urlaub, unsere Liebesbeziehung oder um Weihnachten geht, oft haben wir vorgefertigte Bilder und Vorstellungen im Kopf. Unsere Autorin fragt sich, woher all diese Erwartungen eigentlich kommen – und ob sie uns wirklich guttun

Nummer 14 – 2015

Seite 79 bis 112
SPOIL YOURSELF
Zeit für eine kleine Verwöhnpause

82 SCHÖNE DINGE & IDEEN

84 SHOPPING IM NETZ
Alles für ein stilvolles Lunch to go, jede Menge Wandkalender und rot-weiße Weihnachtsboten

92 DAS SCHÖNE LEBEN AN DER KÜSTE
In den 50er- und 60er-Jahren waren sie alle an der Côte d'Azur, von Brigitte Bardot bis Picasso. Ein Ausflug in diese besondere Zeit

100 ESSEN WIE BEI MAMUSCHKA
Die gebürtige Ukrainerin Olia Hercules stellt uns die Küche ihrer osteuropäischen Heimat vor

106 WIE MAN TAPEZIERT
Eine Anleitung in Bildern von Ruby Taylor

108 DEIN MINIMUSEUM
Es gibt so viele schöne kleine Dinge, an denen wir hängen. In Vitrinen und Setzkästen finden unsere ganz persönlichen Schätze einen würdigen Platz

Seite 113 bis 138
MAKE IT SIMPLE
Es muss gar nicht so kompliziert sein

116 SCHÖNE DINGE & IDEEN

118 WINTER IM BLOCKHAUS
Die norwegische Fotografin Inger Marie Grini wohnt mit ihrer Familie hin und wieder in einer kleinen Hütte mitten im Wald und erzählt vom Zauber des einfachen Lebens

124 FORSCHUNG: DER TEDDYBÄR-EFFEKT
Wenn wir uns an unsere Kindheit erinnern, verhalten wir uns anschließend sozialer, sagen Forscher aus North Carolina

126 MINISCHRITTE MACHEN
Wie die Kaizen-Methode uns hilft, uns nicht zu überfordern – und so wirklich etwas zu verändern

130 SELBER MACHEN: LICHTERKETTE
Sie ist einfach zu falten und macht das Zimmer gemütlich, unsere Lichterkette aus Origami-Lampions

SCHÖNES VON FLOW

133 NOCH MEHR VON FLOW
Hübsche Flow-Produkte, die man online bestellen kann

134 SO BEKOMMST DU DEIN FLOW-ABO

FLOW-EXTRAS

* 4 BÖGEN GESCHENKPAPIER
  (ZWISCHEN SEITE 62 UND 63)
* EIN 366-TAGE-KALENDER
  (ZWISCHEN SEITE 138 UND 139)

Ihr Immunsystem hat Geschmack.

Auch wenn es draußen ungemütlich wird – mit einem Glas Rabenhorst Vitesse für das Immunsystem fühlt man sich rundum wohl und tut sich mit dem Direktsaft aus drei harmonisch aufeinander abgestimmten Früchten auch bewusst etwas Gutes. Denn dank dem Zusatz an Zink und Vitamin C lässt sich auch die kalte Jahreszeit vollends auskosten.

Rabenhorst
WISSEN, WAS GUT TUT.

www.rabenhorst.de

GESICHTER DIESER AUSGABE

Von der Vorfreude Seite 76
„Mich interessiert, wie Menschen das Leben gut gestalten und wie sie ihren Weg gehen können", sagt Journalistin Lisette Thooft. Seit dreißig Jahren schreibt die Niederländerin für Magazine und verfasst psychologische Bücher zum Thema Persönlichkeitsentwicklung und Achtsamkeit (auf Deutsch erschienen ist etwa Zehn Gebote der inneren Ruhe). Sie ist mittlerweile auch als psychologische Beraterin tätig, hat sich in dem Bereich ausbilden lassen. Für Flow hat sie sich Gedanken gemacht, warum es oft schöner ist, sich auf Dinge zu freuen, als sie zu besitzen. Dinge zu hinterfragen, aus den gewohnten Bahnen auszuscheren ist wichtig für Lisette. „Ich probiere immer wieder, Risiken einzugehen, Rückschritte zu akzeptieren und mich ganz nach meinen Neigungen zu entscheiden." Was dabei herauskommt? „Ein verschlungener Weg, der Freude macht."

Teddybär-Effekt Seite 124
Annelinde Tempelman gehört zu dem niederländischen Team, das Flow erfunden hat. Vor acht Jahren bekam die Art-Direktorin den Auftrag, das Magazin zu gestalten und ihm eine einladende, spielerische Stimmung zu geben. Seitdem hat sie jede Ausgabe betreut. Annelinde hat auch das Flow-Mädchen gestaltet, eine Figur, die sie mit wenigen Strichen aus der Hand zeichnet und die sie dann vor verschiedene Hintergründe setzt, beispielsweise Vintagetapeten. In dieser Ausgabe siehst du das Flow-Mädchen neben dem Interview

mit einer amerikanischen Wissenschaftlerin. Diese hat erforscht, dass Erinnerungen an unsere Kindheit uns glücklich machen. Ob Annelinde das beherzigt hat? Der Affe auf ihrem Bild sieht jedenfalls ein bisschen aus wie Herr Nilsson aus *Pippi Langstrumpf*.

Was können wir erwarten? Seite 11
Die britische Fotografin und Collagenkünstlerin Cassia Beck lebt schon seit vielen Jahren mit ihrer Familie im traditionsreichen südenglischen Badeort Brighton. „Die Stadt ist meine Muse", sagt sie. „Ich liebe es, morgens lange Spaziergänge mit meiner Kamera am Strand zu machen." Viele der Fotos, die sie von Möwen, Häusern, Stränden macht, fügt sie später in ihre Collagen ein. Die Technik hat sie auch für die Serie verwendet, mit der sie unsere Titelgeschichte über das Thema „Erwartungen" illustriert hat. Dass sie dazu auch immer ganz alte Fotografien aus Zeitschriften in ihre Arbeiten mischt, gibt ihnen eine wunderbar melancholische, nostalgische Note. Passt auch zur uralten Polaroid-Kamera auf ihrem Porträtfoto. Dass Cassia sich dahinter versteckt, hat übrigens einen Grund: „Ich bin schüchtern", sagt sie. Und lässt lieber ihre Bilder sprechen.

IMPRESSUM

Verlag und Sitz der Redaktion
G+J Living & Food GmbH,
Am Baumwall 11, 20459 Hamburg
Postanschrift Redaktion Flow, Brieffach 44,
20444 Hamburg, Tel. (040) 370 30
Leserservice leserservice@flow-magazin.de

Chefredakteurin Sinja Schütte
Redaktionsleitung Tanja Reuschling
Redaktion Wiebke A. Kuhn (fr.), Anne Otto (fr.)
Art-Direktion & Layout Studio 100%:
Frederike Evenblij, Sascha Pijnaker, Annelinde Tempelman, Joyce Zethof
Grafik Deutschland Stephanie Andresen (Ltg.), Eva-Maria Kowalczyk
Mitarbeiter dieser Ausgabe Maja Beckers, Cassia Beck, Caroline Buijs, Caroline Coehorst, Angelika Dietrich, Xandra van Gelder, Judith van der Giessen, Toril Haugen, Bodil Jane, Mariska Jansen, Sjoukje van de Kolk, Francisca Kramer, Otje van der Lelij, Valerie McKeehan, Nele Martensen, Chris Muyres, Irene Ras, Christine Ritzenhoff, Nina Siegal, Ruby Taylor, Textra Fachübersetzungen, Lisette Thooft, Barbara von Woellwarth, David Woolley, Merle Wuttke, Renate van der Zee
Chefin vom Dienst Petra Boehm
Schlussredaktion Silke Schlichting (fr.)
Bildredaktion Katrin Hanisch (fr.), Dani Kreisl (fr.)
Redaktion Online Anja Strohm (Ltg.),
Sarah Erdmann (fr.)
Verlagsgeschäftsführer Soheil Dastyari
Publisher Living Matthias Frei
Director Brand Solutions/verantwortlich für den Anzeigenteil Nicole Schostak,
G+J Media Sales, Am Baumwall 11, 20459 Hamburg
Vertriebsleiterin Ulrike Klemmer,
DPV Deutscher Pressevertrieb GmbH
Marketingleiterin Ulrike Schönborn
PR/Kommunikation Mandy Rußmann
Herstellung Heiko Belitz (Ltg.), Michael Rakowski
Verantwortlich für den redaktionellen Inhalt
Sinja Schütte, Am Baumwall 11, 20459 Hamburg
Druck RR Donnelley Europe sp. z o.o.,
ul. Obroncow Modlina 11, 30-733 Krakau, Polen
ABO-SERVICE www.flow-magazin.de/abo, Tel. (040) 55 55 78 09, Flow-Kundenservice, 20080 Hamburg
Jahresabo-Preise Deutschland 55,60 Euro inkl. MwSt. und frei Haus, Österreich 64 Euro und Schweiz 96 sfr

Lizenznehmer von Sanoma Media Netherlands B.V.

© Copyright 2015: FLOW is a registered trademark. This edition of FLOW is published under license from Sanoma Netherlands B.V. Nachdruck, Aufnahme in Online-Dienste und Internet und Vervielfältigung auf Datenträger wie CD-ROM, DVD-ROM etc. nur nach vorheriger schriftlicher Zustimmung der Redaktion. Entwürfe und Pläne unterliegen dem Schutze des Urheberrechts. Alle Auskünfte, Preise, Maße, Farben und Bezugsquellen ohne Gewähr. Manuskripten und Fotos bitte Rückporto beifügen. Für unverlangte Einsendungen keine Gewähr.
ISSN 2198-5588

FLOW MAGAZINE INTERNATIONAL
Creative Directors Astrid van der Hulst, Irene Smit
Brand Director Joyce Nieuwenhuijs (for licensing and syndication: joyce.nieuwenhuijs@sanoma.com)
Brand Manager Karin de Lange, Jessica Kleijnen
International Coordinator Eugénie Bersée
International Assistant Marjolijn Polman
Supply Chain Management Gert Tuinsma
Flow Magazine is published by Sanoma Media Netherlands B.V.
Registered Office Capellalaan 65, 2132 JL Hoofddorp, Netherlands; 0031 (0)88 5564 930

WIE VIEL KÖNNEN WIR ERWARTEN?

WÜNSCHEN & LOSLASSEN

Egal ob es um den nächsten Urlaub, die Liebe
oder Weihnachten geht, oft haben wir vorgefertigte
Bilder und feste Vorstellungen im Kopf.
Aber woher kommen eigentlich all diese Erwartungen?
Und tun sie uns wirklich gut? Merle Wuttke
hat sich darüber Gedanken gemacht

Manchmal ertappe ich mich dabei, wie ich von einem Gefühl der Enttäuschung überrollt werde, obwohl bis zu diesem Moment meine Stimmung gut war. Dann bekomme ich so einen Stich im Herzen und weiß überhaupt nicht, warum ich plötzlich in ein schwarzes Loch falle. Gerade neulich erwischte es mich wieder. Ich kam aus dem Büro, war gerade zwanzig Minuten durch prasselnden Regen geradelt, ich fror und freute mich auf eine Tasse Tee. Zu Hause hörte ich meine Familie fröhlich beim Abendbrot sitzen. Klatschnass ging ich zu ihnen, doch Mann und Kinder hatten nur ein knappes Hallo für mich übrig, und die Küche war ein Saustall. Da war es wieder, das schwarze Loch. Wortlos verschwand ich im Badezimmer.

Erwartete ich zu viel? Das Falsche? Gut, ich hatte mir das Nach-Hause-Kommen anders vorgestellt. Aber muss ich deshalb maßlos enttäuscht reagieren und so ärgerlich werden? Ich saß im Bad und fühlte mich von mir selbst und meinen Vorstellungen überfordert. Warum trocknete ich mich nicht einfach ab, zog mich um und setzte mich zu den anderen? Warum gab ich mich meiner Enttäuschung so hin? Den ganzen Abend noch musste ich darüber nachdenken, wie oft ich etwas erwarte. Von meinem Mann. Von meinen Kindern. Meiner Freundin. Meiner Chefin. Mir selbst. Ja, sogar vom Wetter. Wieso ist das so – und sollte das so sein?

KLUGE GRIECHEN
Ich überlegte, wann zuletzt etwas genau so eingetreten ist, wie ich es mir vorgestellt hatte. Das ist ziemlich lange her. Vielleicht übersehe ich ja irgendetwas, schraube meine Ansprüche zu hoch.

Andreas Urs Sommer, der an der Universität Freiburg Philosophie lehrt, glaubt nicht, dass wir heute zu viel vom Leben erwarten. Das Problem sei vielmehr, dass sich in der Moderne eine ungeheure Fülle von neuen Möglichkeiten eröffnet habe, die wir gelegentlich fast schon verzweifelt versuchen auszuschöpfen. „Wir haben Schwierigkeiten, uns auf eine Sache zu konzentrieren. Entsprechend gehen unsere Erwartungen in die unterschiedlichsten Richtungen: Wir wollen uns selbst verwirklichen, aber auch glücklich sein in Familie und Partnerschaft. Wir wollen uns im Beruf eine eigene Position erschaffen, uns aber nicht auffressen lassen. All das unter einen Hut zu bringen ist gar nicht so leicht."

Sommer ist ein Fan der Stoa. Das ist diese antike Philosophie, die ab etwa 300 v. Chr. für ein halbes Jahrhundert bestimmend für viele Denker der Zeit war. Sie ruft die Menschen dazu auf, ihren Platz im Leben anzunehmen und ihr Glück in den Dingen zu suchen, die für sie tatsächlich erreichbar sind, die sie beeinflussen können. Deshalb zählen etwa Reichtum oder Macht nicht wirklich, und auch von schlechten Erfahrungen wie Krankheit oder Armut sollte man als Stoiker sein inneres Gleichgewicht nicht beeinflussen lassen. Sie sind eh nicht zu verhindern, wohl aber können wir dafür sorgen, dass sie nicht den gelassenen Blick aufs Leben stören. Deswegen kann die Stoa auch helfen, mit einer hohen Erwartungshaltung anders umzugehen. Andreas Urs Sommer sagt: „Für einen griechischen Philosophen war das Streben nach Glück das, was einen Menschen ausmacht. Daher gab es entsprechende ➤

> „ICH ÜBERLEGTE, WANN ZULETZT ETWAS SO EINGETRETEN IST, WIE ICH ES MIR VORGESTELLT HATTE. DAS IST ZIEMLICH LANGE HER"

EIN GUTER TYP
Manchmal ist es auch unsere Unfähigkeit, die Erwartungen anderer zu enttäuschen, die uns umtreibt. So ging es dem amerikanischen Arzt und Buddhisten Alex Lickerman. In seinem Blog happinessinthisworld.com berichtet er von dem „Good Guy Contract", den er unbewusst mit fast jedem Menschen einging. Etwa mit seiner Exfreundin, für die er auch nach der Trennung ständig alles erledigte, weil er weiter von ihr gemocht werden wollte. Es kostete ihn einige Mühe, das Muster zu sprengen. Aber Lickerman macht Mut: „Auch wenn wir alle einen eingebauten Schalter haben mögen, der unbewusst unsere Erwartungshaltung bestimmt, hält uns das nicht davon ab, bewusst die Zügel in die Hand zu nehmen und sie anzupassen."

Strategien, wie man dieses Glück erreichen konnte. Eine davon ist, die Erwartungen zurückzuschrauben, sich nicht von ihnen auffressen zu lassen. Dann wird die Chance, dass man das Leben in Zufriedenheit verbringt, größer." Wir sollten also versuchen, bescheidener zu sein und geduldiger mit dem, was das Leben uns so anbietet. Denn wir wissen ja gar nicht, was sich daraus ergeben kann.

UND ACH, DIE LIEBE
Das alles ergibt für mich großen Sinn, verwirrt mich aber auch. Denn auch wenn ich oft ihretwegen enttäuscht werde – ich mag sie, meine Erwartungen. Egal worauf ich mich freue, mein Kopf malt sich automatisch großartige Dinge aus: ein lustiges Essen mit Freunden, tolle Ferien mit der Familie, eine aufregende Arbeit nach dem Jobwechsel. Erwartungen schüren in uns ein Feuer, mal groß, mal klein, lösen ein Kribbeln aus. Und dann? Kommt es vielleicht tatsächlich so, wie wir es uns ausgemalt haben. Vielleicht wird es aber auch ganz anders. Und plötzlich fühlt es sich an, als habe jemand einen Eimer Wasser über das Feuer in unserem Bauch ausgeschüttet, und wir sind maßlos enttäuscht. Dann verliert der Urlaub, ein Fest oder sogar die Liebe ganz schnell diesen Glanz, wirkt nur noch grau und fad auf uns. Oder um es mit einem Spruch zu sagen, den man auf Pinterest vielfach auf Englisch illustriert findet: „Was unser Leben am meisten durcheinanderbringt, ist das Bild in unseren Köpfen, das uns sagt, wie es auszusehen hat."

Und das stimmt irgendwie wirklich. Je mehr ich darüber nachdenke, desto klarer wird mir, dass sich meine Erwartungen aus vielen Dingen zusammensetzen, die ich im Laufe meines Lebens erlebt und gesehen habe. Bilder aus Filmen und Büchern; Familie, Freunde, unsere Kultur und Gesellschaft, sie alle prägen meinen Blick dafür, wie mein Leben „zu sein hat". Das sind Werte und Vorstellungen, die ich freiwillig angenommen habe, aber bestimmt sind auch welche dabei, die ich übernommen habe, ohne sie zu hinterfragen. So wie etwa für die Mehrzahl der jungen Deutschen zum Glücklichsein eine Familie mit exakt zwei Kindern gehört. Das zeigte eine Untersuchung des Bundesinstituts für Bevölkerungsforschung aus den Jahren 2012 und 2014. Oder wie viele von uns erwarten, mit 40 beruflich fest im Sattel zu sitzen. Oder ein Haus zu besitzen. Warum eigentlich? Sollten wir uns nicht viel eher und öfter die Frage stellen, ob diese Erwartungen tatsächlich zu dem Leben passen, das wir führen möchten? Mir scheint es, als hätten gerade tradierte Werte einen großen Einfluss auf unsere Sicht aufs Leben. Aber erhöht das nicht auch den Druck? Trüben sie nicht unseren Blick für das, was ist, ja begrenzen uns sogar?

Ich weiß noch, als ich schwanger war und der Hochzeitstermin schon stand. Alles war gut, nur kam mein zukünftiger Mann nicht auf die Idee, mir einen „richtigen" Heiratsantrag zu machen. Je dicker mein Bauch wurde, desto schlechter wurde meine Laune. Auf die Idee, selbst zu fragen, kam ich gar nicht. Am Ende sprachen wir zwei Tage nicht miteinander – im letzten gemeinsamen Urlaub ohne Kind. Warum tat ich mir selbst das an? Vielleicht weil wir in der Liebe besonders empfänglich für große Erwartungen sind.

„ERWARTE NICHTS.
HEUTE: DAS IST DEIN LEBEN"

KURT TUCHOLSKY (1890–1935)

So leide ich jedes Mal mit meiner Lieblingsromanheldin Anna Karenina, obwohl ich Tolstois Buch schon drei Mal gelesen habe. Bei Anna führt ihre unerfüllbare Erwartungshaltung an die Liebe, an ihre Umgebung und ihr Leben so weit, dass sie den Verstand verliert. Sie verzweifelt an den Umständen, kann und will nicht akzeptieren, dass ihre Vorstellungen vom Glück nicht zu der Wirklichkeit ihrer Zeit passen. Ich bewundere Anna für ihren Mut, den Gegebenheiten all ihre Leidenschaft entgegenzuschleudern, bemitleide sie aber zugleich, weil ich denke: „Mensch, Anna, wäre dein Leben so viel schlechter gewesen, wenn du nur ein wenig bescheidener gewesen wärst?" So endet die Geschichte traurig: Anna begeht Selbstmord.

SO FREI WIE KATIE
Aber gibt es in der Liebe überhaupt einen „richtigen" Umgang mit Erwartungen? Ich weiß oft selbst nicht, was ich von meinem Herzen erwarten darf oder kann. Manchmal spielt es mir Streiche, macht mir etwas vor, lässt mich (fast) schwach werden. Wie das eine Mal, als ich bei einem Konzertbesuch diesen lustigen, uneitlen, selbstbewussten Mann kennenlernte. Er hatte so gar nichts mit meinem Leben zu tun (er war sehr jung, kinderlos und Student). Aber er vermittelte mir für zwei Stunden eine Ahnung davon, wie mein Leben auch sein könnte. Wenn die Liebe wieder ein Abenteuer wäre. Ich malte mir an diesem Abend alles Mögliche aus mit diesem Mann, einfach weil es Spaß machte. Als ich später nach Hause kam und wie immer die Klamotten vom Vater meiner Kinder auf der Couch lagen, dachte ich: Der Mann vom Konzert würde das bestimmt nie machen.

Doch dann kam mir dieser Satz des US-Psychologen Dan Ariely in den Sinn: „Je weniger wir von einer Person wissen, desto mehr schätzen wir sie. Wir füllen unsere Wissenslücken einfach mit Wunschprojektionen auf." Oh ja, meine Wünsche! Warum nur habe ich, was die Liebe angeht, so viele von ihnen? Und muss mein Partner sie wirklich alle erfüllen? Ich weiß eigentlich, dass es nichts bringt, von ihm zu erwarten, dass er Kinderarzttermine organisiert, den Urlaub plant, sich für meine Arbeit interessiert. Dennoch tue ich es. Und er hofft immer noch, dass ich meine Steuer rechtzeitig erledige oder zugewandter bin. Wir werden uns beide wieder enttäuschen. Warum lassen wir uns auf ein Spiel ein, von dem wir beide wissen, dass wir nicht gewinnen können? Möglicherweise, weil wir falsche Prioritäten setzen.

Eine Frau, die das durch Krankheit erkennen musste, ist die Amerikanerin Byron Katie. Sie litt unter Süchten und Depressionen, war eine zutiefst enttäuschte Frau. Irgendwann wurde ihr klar: Ich kann mir die Welt nicht nach meinen Vorstellungen zurechtbiegen. Ich muss sie annehmen, wie sie ist. Und darin entdeckte Byron Katie eine unglaubliche Freiheit. Sie entwickelte eine Methode zur Selbstanalyse, die sie „The Work" nannte. Dabei stellt man sich zu jedem fordernden Gedanken ein paar grundlegende Fragen, etwa: „Wie reagierst du, wenn du diesem Gedanken glaubst?" Damit soll erreicht werden, dass man bestimmte Muster oder Überzeugungen stärker hinterfragt. Das können die großen Sinnfragen sein, aber auch alltägliche Dinge, an denen man sich regelmäßig aufreibt. Ich ärgere mich ➤

> „JE WENIGER WIR VON EINER PERSON WISSEN, DESTO MEHR SCHÄTZEN WIR SIE. WIR FÜLLEN UNSERE WISSENSLÜCKEN MIT WUNSCHPROJEKTIONEN AUF"

„DAS GUTE IST, DASS SICH NICHT NUR UNSER LEBEN VERÄNDERT – AUCH UNSERE ERWARTUNGEN ÄNDERN SICH"

zum Beispiel immer, dass mein Mann seine Post auf dem Tisch liegen lässt. Nach Byron Katies Methode würde ich jetzt meine Gedanken in eine ganz andere Richtung lenken. Aus „Er sollte seine Post wegräumen" wird dann etwa „Er sollte seine Post nicht wegräumen". Oder „Ich sollte seine Post wegräumen". Oder „Ich sollte nicht wollen, dass er seine Post wegräumt". Das erlaubt mir alternative Zugänge zum Thema. Und ich würde möglicherweise erkennen, wie sehr ich mein Bild von ihm mit Erwartungen überfrachte, und darüber nachdenken, warum das so ist und was ich damit bezwecke. Sich selbst so zu hinterfragen ist natürlich ganz schön harte Arbeit. Und Freunde von mir, die es ausprobiert haben, sagen, es sei erschreckend, wie schnell man jedes Mal wieder in sein altes Erwartungsschema zurückfalle. Gleichzeitig schwärmen sie von der inneren Freiheit, die sie so gewinnen. Ich wünsche mir dann, ich würde mich auch trauen, auf diese Art aufs Leben zu blicken.

ES IST, WAS ES IST
Und dann denke ich oft: Wäre es nicht am besten, einfach gar nichts mehr zu erwarten? Doch bedeutet weniger zu erwarten nicht auch, weniger zu erleben? Oder ist im Gegenteil die Erfahrung viel intensiver, wenn ich sie aufmerksam und achtsam erlebe? Wahrscheinlich geht es überhaupt nicht darum, nichts zu erwarten. Auch nicht darum, das „Richtige" zu erwarten, denn wer weiß schon, was das Richtige ist? Es geht vielmehr um angemessene Erwartungen. Darum, sich zu fragen, wie viel ist wirklich drin für mich? Wie viel kann ich den anderen zutrauen, zumuten, wie viel kann ich selbst leisten? Dazu gehört, dass man sich selbst ziemlich gut kennt – und Mut.

Mut? Ja, weil nur, wer mutig ist, vor anderen und sich dazu stehen kann, dass manche Dinge eben nicht möglich sind. Oder möglich gemacht werden müssen. Das ist in unserer Welt ziemlich schwierig und anstrengend. Manchmal ertappe ich mich dabei, wie ich sehnsüchtig an die Zeit vor elf, zwölf Jahren zurückdenke. Mein Leben bestand aus: viel ausgehen, viel arbeiten, viel erleben. Damals hatte ich trotz Vollzeitjob jede Menge Zeit, um all die aufregenden Dinge zu tun, die ich vom Leben erwartete. Lange habe ich das Gefühl aus dieser Zeit in meinem Herzen bewahrt und erwartet, dass es bleibt. Es blieb nicht. Das war traurig, bis ich verstand, dass all das, was damals wichtig war, jetzt keine Rolle mehr für mich spielt – trotz aller Sehnsucht. Das Gute ist nämlich, dass sich nicht nur unser Leben verändert, auch unsere Erwartungen ändern sich. Ich wünsche mir heute bei keiner Party mehr, dass meine Gäste bis fünf Uhr morgens durchtanzen, sondern freue mich schon, wenn sie bis Mitternacht bleiben. Wenn ich ehrlich bin, finde ich das sogar viel besser so – dann komme ich wenigstens rechtzeitig ins Bett. Heute versuche ich, mich möglichst oft an Kurt Tucholsky zu halten, der einmal sagte: „Erwarte nichts. Heute: Das ist dein Leben." ●

MEHR LESEN?

* Schöne Zitate zum Thema findest du unter anderem auf Pinterest: pinterest.com/explore/expectation-quotes
* Alles über Byron Katie: thework.de

FEEL CONNECTED

Die Lesezeichen-Seiten in dieser Ausgabe wurden gestaltet von Dinara Mirtalipova. Geboren und aufgewachsen ist die Illustratorin in Usbekistan, inzwischen wohnt sie mit ihrem Mann und ihrer kleinen Tochter in Ohio.

ILLUSTRATION (VORDERSEITE) **DINARA MIRTALIPOVA** FOTO (RECHTS) **MICHELLE TRIBOUILLIER**
VERWANDLE DIESE SEITE IN EIN LESEZEICHEN: EINFACH DAS AUSGESTANZTE PAPIERRECHTECK AM FALZ KNICKEN UND DURCH DEN KLEINEN SCHLITZ STECKEN

Michelle Tribouillier malt gern fröhliche Gesichter auf Nahrungsmittelfotos. Und zwar nicht nur auf Essen, das sie selbst fotografiert, sondern auch auf das von anderen Instagram-Usern. Wenn du möchtest, dass sie einem deiner Bilder Charakter verleiht, tagge Michelle auf Instagram. Ihr Account: @yummyyummyyummy.food

Feel connected

Ein Blick auf die Welt und die Menschen um uns

Hilfst du mir?
Nein, die Frage ist nicht dumm, sie ist sogar ziemlich schlau! Laut einer Studie der Harvard Business School signalisiert man dem anderen damit nicht nur: „Du bist clever, erfahren und derjenige, der mich am besten unterstützen kann." Sondern der, dem so geschmeichelt wird, hält den Hilfesuchenden nachher sogar für ziemlich kompetent. Am Ende ist also allen geholfen. Genial!

Ordentlich aufgemöbelt
Der Lack ist ab, der Stoff zu blumig, der Look von vorgestern: Es gibt viele Gründe, ein Möbel auszusortieren – aber noch mehr, ihm ein frisches Outfit zu verpassen finden Interior-Designerin Julie Dieckmann und Tischler Pascal Snoeck von Originol. Die Hamburger machen aus in die Jahre gekommenen Tischen, Vasen oder Kommoden moderne Lieblingsstücke, ohne dass diese dabei ihre Individualität verlieren. Wer will, kann auch Omas Sessel von den beiden neu „einkleiden" oder sich bei der Suche nach einem passenden Möbelstück helfen lassen. Klingt doch gleich viel hübscher als Sperrmüll, oder? originol.de

Happy End
Was wie ein Märchen klingt, begann als Albtraum: Im Mai postete Raja Fitzner online einen Hilferuf – ihr Mann Kai-Eric (45) lag nach einem Schlaganfall im Koma, der Familie ging es finanziell schlecht. Raja bat, als Unterstützung sein selbst verlegtes Buch *Willkommen im Meer* zu kaufen – und löste eine Welle der Solidarität aus: In wenigen Tagen stand der Roman auf Platz eins der Amazon-Charts. Heute geht es Kai-Eric besser, und Knaur verlegt sein Buch neu (9,99 Euro). Fortsetzung folgt!

Gleich und gleich
Es heißt, jeder habe mindestens einen Doppelgänger auf der Welt – und den wollten Niamh, Terence und Harry finden. Die Freunde aus Irland wetteten, wer zuerst seinen optischen Zwilling aufspürt, und riefen dazu twinstrangers.com ins Leben. Nach nur zwei Wochen traf Niamh auf Karen aus Dublin, die ihr bis aufs Haar gleicht. Über die Website kann sich jeder auf die Suche machen: Foto hochladen, Gesichtsmerkmale wählen und warten. Darauf, dass er dieselbe Idee hat – der Mensch, der einem zum Verwechseln ähnlich sieht.

Der Freundschaft auf der Spur

Jedes Mal, wenn Insa Müller in den vergangenen Jahren umzog, ließ sie liebe Menschen zurück. Bis die Kulturwissenschaftlerin sich fragte: Warum verlassen wir uns immer wieder? Und ihren Koffer packte, um alle Freunde zu besuchen

Was war der Auslöser für deine „Freundschaftsreise"? Ich lebe seit zwei Jahren in Hamburg, aber kam dort lange nicht richtig an, weil ich den Alltag mit meinen Freunden vermisste. Als ich mit ihnen darüber sprach, stellte ich fest, dass es vielen genauso ging. Zwischen zwei Jobs hatte ich jetzt drei Monate Zeit, und das war die Gelegenheit, alle mal wiederzusehen.

Wie viele Freunde hast du besucht? 19 Freunde in zwölf Städten von Berlin bis München. Einige schickten vorab sofort Daten, an denen sie Zeit hatten, richteten sogar ihre Urlaubspläne nach mir. Ein wunderbares Kompliment.

Haben sich die Freundschaften über die Distanz verändert? Viele überhaupt gar nicht. Hanna, meine alte Mitbewohnerin aus Dortmund, habe ich beispielsweise vier Jahre lang nicht gesehen. Doch als wir uns am Bahnsteig in die Arme schlossen, wusste ich, dass zwischen uns alles noch ganz genauso ist wie früher. Aber ich musste auch schmerzlich feststellen, dass an manchen Freundschaften eine so lange Zeit ohne Alltag nicht einfach spurlos vorübergeht.

Wirst du mit deinen Freunden in Zukunft anders umgehen? Ich werde sie etwas weniger vermissen, mehr besuchen und mich einfach darüber freuen, dass ich so viele wunderbare Freunde an so vielen wunderbaren Orten habe.

freundschaftsreise.com

Gut getippt

Eine tolle Geschichte: Christopher D. Hermelin, Autor aus Brooklyn, schreibt auf seiner Schreibmaschine für jeden, der mag, eine eigene Short Story – auf einer Parkbank in New York. Oder für alle, die woanders leben, im Netz (rovingtypist.com). Man kann ihm dabei freie Hand lassen oder Vorgaben zur Handlung machen. Für die Erzählung über zwei Seiten zahlt man, was man will. Der Kunde ist eben König – vor allem in seiner eigenen Kurzgeschichte.

„Auf dem Mofa über die linke Schulter ins Leere gegriffen – zum Anschnallgurt"

Ein flüchtiger Gedanke, der so doof ist, dass man es sofort merkt, ist laut Malte Welding ein „Sekundenschaf". Die lustigsten sammelt er auf sekundenschaf.de und im gleichnamigen Buch (rororo, 9,99 Euro).

Ihr seid Zucker!

Mit Liebe gebacken? Den Spruch kann man jetzt wörtlich nehmen: Cookie-Stempel mit „I Love You"-Schriftzug in den Teig drücken, Kekse in den Ofen schieben, Freunde einladen – und ihnen die süßen Liebeserklärungen zum Tee reichen. 14 Euro, suck.uk.com

Fröhliches Posten

Facebook-Freunde seien fiese Freunde, hieß es zuletzt immer öfter, und wir bekamen Bammel: Davor, dass es für Neid sorgt, wenn wir online unser Glück vermelden. Forscher des Leibniz-Instituts für Wissensmedien jedoch stellten fest, dass es in der Regel gute Laune mache, positive News der anderen zu lesen, gerade wenn es enge Freunde sind. Klar: Denen gönnen wir, eine schöne Zeit zu haben. Vor allem, wenn sie die mit uns verbringen.

TEXT CHRISTINE RITZENHOFF FOTO LINDA DAVID/FEMTASTICS.COM, GETTY IMAGES, JAN-PAUL LÜDTKE, SHUTTERSTOCK, MARLENE SØRENSEN

Der feine Unterschied zwischen einer Tasse Tee und perfektem Tee-Genuss

SPECIAL.T ist die erste und einzige Maschine, die auf Knopfdruck 35 edle Schwarz-, Grün-, Kräuter- und Früchtetees individuell, auf die Sekunde und das Grad genau aufgießt. Dank der Auswahl exklusiver Teeblätter sowie ihrer optimalen Aufbewahrung und Zubereitung können Sie jederzeit eine perfekte Tasse Tee genießen.

Entdecken Sie das neue Tee-Ritual. Mehr auf special-t.com und in ausgewählten Elektrofachgeschäften.

Das neue Tee-Ritual

WAS machst du gerade?

Das haben wir drei Menschen gefragt, die wir klasse finden

TEXT ANGELIKA DIETRICH, NINA SIEGAL FOTO IDA SKIVENES, PHILIPPA STANTON, BARBARA VON WOELLWARTH, DAVID WOOLLEY HAARE/MAKE-UP STEF ELDIA

„Kreativität kann man nicht unterdrücken"

1. *Der Schrei* von Edvard Munch – auf Toast. Auch berühmte Gemälde finden ihren Weg auf Idas Frühstückstisch
2. Alles, was Ida braucht, um ihre Kunst in Form zu bringen
3. Ihr Buch *Kunst aufessen* (Kunstmann, 16 Euro), das sie unter ihrem Instagram-Namen IdaFrosk veröffentlicht hat
4. Es muss nicht immer Brot sein: Auch aus Haferbrei entstehen freundliche Tierchen

Ida Skivenes

✱ 31 Jahre ⌂ aus Norwegen ♥ lebt zurzeit mit ihrem Freund in Berlin ☛ Sozialwissenschaftlerin, Food-Artist ↗ idafrosk.com

Was machst du gerade?
Ich fange nach einer Babypause wieder an zu arbeiten, das heißt konkret: Lebensmittel in Kunst zu verwandeln. Ich hatte mir dieses Jahr nach der Geburt meiner Tochter im Juni ein paar Monate komplett freigenommen.

Wie kamst du zu deiner Arbeit?
Das entstand eigentlich aus einer Laune heraus, eines Morgens im Jahr 2012. Ich machte ein Foto von meinem Frühstück und postete es auf Instagram. Das Feedback war riesig, also habe ich mir weitere Sachen ausgedacht. Schnell hatte ich 10 000 Follower. Inzwischen sind es sogar mehr als 280 000.

Was war dein erstes Kunstwerk?
Ich habe aus zwei Scheiben Toast mit Erdnussbutter, Rosinen und Bananen einen Bären und einen Fuchs geformt. Aber in erster Linie möchte ich den Menschen zeigen, dass es wirklich Spaß machen kann, sich gesund zu ernähren. Ich verwende viele frische Zutaten, Früchte, Gemüse und Vollkornbrot.

Wie viele Frühstücksbrote hast du bis heute gebastelt?
Bestimmt schon 400. Am Anfang habe ich jeden Morgen eins auf Instagram gepostet, jetzt, mit so vielen Followern, überlege ich ein bisschen genauer, bevor ich das mache.

Als du damit angefangen hast, warst du noch als Statistikerin tätig. Inzwischen machst du nur noch Food-Art.
Ja, ich habe ein Buch veröffentlicht, das bereits in mehreren Ländern erschienen ist. Manchmal arbeite ich für Werbekunden, ich schreibe Kolumnen und veranstalte Workshops. Es ist ganz schön viel los inzwischen.

Ein ganz anderes Leben…
Ich wollte schon immer etwas Kreatives machen. Ich habe auch festgestellt, man kann das gar nicht unterdrücken. Kreativität bahnt sich ihren Weg. Und bei mir ist es nun dieser Weg geworden: Ich spiele mit Essen, das ist wirklich großartig. ➡

Philippa Stanton

✖ 42 Jahre 🏠 lebt gemeinsam mit ihrem Sohn Jules (15) in Brighton, England 🖌 Künstlerin, Fotografin, Bloggerin ↗ 5ftinf.com

Was machst du gerade?
Ich stelle Fotos und Gemälde für eine Ausstellung rund um das Thema Tee zusammen. Ich mach das gemeinsam mit einer Firma aus London, die ausschließlich mit Teebauern zusammenarbeitet, die nur kleine Plantagen bewirtschaften – von ihnen kriege ich ganz viel Tee, deshalb ist die Zusammenarbeit großartig.

Auf deinen Blumenfotos ist auch oft eine Tasse Tee zu sehen. Warum?
Weil ich eigentlich immer eine in meiner Nähe habe, sie ist mein ständiger Begleiter. Ich mag es, wenn die Tasse mit den Blumen harmoniert, das gibt dem Bild irgendwie eine menschliche Note. Eine Tasse Tee strahlt Gemütlichkeit und Ruhe aus. Aber meine Bilder haben viele verschiedene Ebenen. Und nahezu alle Blumen, insbesondere natürlich im Sommer, stammen aus meinem eigenen Garten, dazu kommen Wildblumen oder Blätter, die ich auf Spaziergängen sammle.

Deine künstlerische Laufbahn begann mit abstrakter Malerei, inzwischen bist du aber eher für deine Blumenfotos bekannt. Wie kam es dazu?
Ich habe Kunst studiert, und ich male Sinnesempfindungen: Geräusche, Geschmäcker und Gerüche, aber auch abstrakte Meereslandschaften und Boote. Das mit den Fotos hat erst mit Instagram angefangen, und meinen Followern hat das gefallen. Stark beeinflusst haben mich japanische Instagrammer und skandinavische Künstler, die ich dort entdeckt habe. Und immer wieder runde Formen. Ich mag Kreise.

Es ist ein ganz schön großer Schritt von deiner Malerei zu deinen Fotos...
Alles, was ich mache, soll die Wahrnehmung und die Gefühle des Betrachters ansprechen. Auch wenn meine Fotos und meine Malerei so grundsätzlich unterschiedlich sind, besteht da für mich doch ein ganz enger Zusammenhang. ➤➤

1. Philippas gemütliches Zuhause ist immer voller Blumen
2. Eines ihrer Instagram-Fotos: ein Herbstarrangement mit Tee und Ginkgoblättern
3. *Hastings Boat* heißt dieses Bild, zu dem Philippa sich von Brightons Küste hat inspirieren lassen

„Alles, was ich mache, soll die Gefühle des Betrachters ansprechen"

1. Bei Anita und Frederic erhalten alte Möbel und Materialien eine zweite Chance
2. Frederic Ehmann ist gelernter Schreiner
3. Anita wuchs im rumänischen Siebenbürgen auf, Sticken ist dort Teil der Volkskunst und Stickereien allgegenwärtig

„Wir verleihen alten Dingen eine neue Seele"

Anita Grommes

✖ 33 Jahre ▮ lebt mit ihrem Freund Frederic in Achern ➤ Schneiderin, Kunsthandwerkerin ↗ menage-a-deux.net

Was machst du gerade?
Wir dekorieren unser Zuhause um. Das gehört zu unserem täglich Brot: Frederic und ich gestalten Wohnaccessoires und ganze Räume. Dabei geht es nicht nur darum, Möbel und Zimmer zu restaurieren, sondern sie kreativ aufzufrischen. Wir verleihen ihnen eine neue Seele. Küchenbuffets etwa lackieren wir bunt und versehen sie mit Vorhängen oder Aufschriften. Unsere Arbeiten drücken eine Verbindung unserer beider Handwerke aus – Schneidern und Schreinern.

Auf vielen eurer Arbeiten findet man Wörter. Wieso?
Wörter, Typografie, fremde Sprachen haben mich schon immer fasziniert. Es gibt zum Beispiel Spruchbänder aus Stoff mit dem sich immer wiederholenden Satz „I am I". Oder natürlich unser besticktes Holz. Dazu bohre ich kleine Löcher durchs Holz und fädle dann das Garn durch. Ich habe auch schon Gummistiefel oder Kohlblätter bestickt. Ich mag es, wie sich das Garn überall durchschlängelt.

Wie hast du den Namen Ménage à deux gefunden?
Wir sind sehr frankophil und mögen die französische Sprache. Und ich blättere gern in Wörterbüchern. Ich liebe es, Wörter nachzuschlagen und ihre Bedeutungen zu suchen. Im Blättern und Nachschlagen steckt so eine Bewegung, man kommt von einem Punkt zum nächsten und bewegt sich immer weiter fort. Das ist ein bisschen, wie auf Weltreise zu gehen. So habe ich den Ausdruck „ménage à trois" abgewandelt: Die Übersetzung „Haushalt zu zweit" ist für uns beide sehr treffend. Außerdem klingt „ménage" ein bisschen wie Zirkusmanege, wo alles möglich ist und viele Wunder passieren.

Habt ihr ein Lieblingswort?
Gerade ist „Hurra" sehr präsent. Und „Salut" ist momentan unser liebstes Einleitungswort. ●

Aus demselben NEST

Als Kinder zankten wir uns heftig, dann wieder hielten wir zusammen wie Pech und Schwefel. Mit dem Erwachsenwerden verändert sich das Verhältnis zu unseren Geschwistern: Wir gehen eigene Wege, entfernen uns – doch die Liebe sitzt tief, findet Francisca Kramer, die sechs Brüder und Schwestern hat

Es gibt Situationen, da sind einem Geschwister so nah wie sonst niemand. Bei mir war es der Tod unserer Mutter. Als klar war, dass sie sterben würde, standen meine vier Schwestern und ich um ihr Bett und hielten uns aneinander fest. Unser Vater und unsere zwei Brüder kamen kurz darauf dazu. Ich war traurig, aber gleichzeitig erfüllt, weil die Verbindung zu meinen Geschwistern in diesem Moment intensiver war denn je. Ich fand es toll, dass es sie gibt.

Ich weiß, sechs Geschwister sind viel, da haben Außenstehende oft den Eindruck, das sei irgendwie anders. Aber das Gefühl von Zusammengehörigkeit hängt nicht von der Zahl der Geschwister ab. Meine Freundin Maria erlebte diese tiefe Verbindung mit ihrem einzigen Bruder, als ihre Eltern sich trennten. „Wir telefonierten plötzlich mehr, versuchten, uns einen Reim auf die Situation zu machen", sagt sie. „Wir waren Verbündete im Chaos. Ohne ihn hätte mich die Scheidung unserer Eltern viel mehr mitgenommen."

GROSSER REICHTUM

Ein surinamisches Sprichwort sagt: „Brüder und Schwestern sind das Mark deiner Knochen." Ein passendes Bild, wie Familientherapeutin Else-Marie van den Eerenbeemt erklärt. „Die Beziehung zwischen Brüdern und Schwestern ist existenziell. Und man wird damit alt. Die Geschwisterbeziehung ist die längste Bindung, die wir je haben werden." Zahlreiche Untersuchungen zeigen, dass der Einfluss von Geschwistern auf unser Leben nicht zu unterschätzen ist. Van den Eerenbeemt beschäftigt sich seit Jahren mit diesem Thema. Während früher viele Therapien darauf abzielten, sich „zu lösen", zum „Individuum" zu werden und fähig, seine eigenen Interessen durchzusetzen, plädiert sie für das Gegenteil, nämlich für Verbindung – allerdings in Freiheit. „Der Mensch ist kein isoliertes Individuum, er existiert nicht ohne Beziehungen. Es ist ein Missverständnis, zu glauben, dass man in seinen Handlungen ganz selbstständig sein kann. Man ist Teil eines größeren Ganzen, und das beginnt bei den Geschwistern. Zusammen mit ihnen bildet man als Kind sozusagen das Laboratorium des Lebens. Man lernt unglaublich viel von ihnen; zum Beispiel das Teilen der Elternliebe und den Umgang mit Rivalität oder Eifersucht. Eine große Familie kann großen Reichtum bedeuten."

UNTERSCHIEDLICHE CHARAKTERE

So viel man auch von ihnen lernt – hin und wieder bereiten uns Geschwister Kummer. So ergab eine Untersuchung der Zeitschrift *Psychology Magazine* zum Thema Familie: Auf einer Skala von eins bis zehn bewerten wir die Beziehung zu unseren Geschwistern mit 6,9. Dabei gaben 25 Prozent der Teilnehmer an, generell keine gute Beziehung zu ihren Brüdern oder Schwestern zu haben. Gründe seien fehlende Gemeinsamkeiten, gegensätzliche Charaktere und „zu viele schlimme Ereignisse in der Vergangenheit". Dabei ist es nicht notwendigerweise häufiger Streit, der auf eine schlechte Beziehung hindeutet, im Gegenteil. Die Soziologin Marieke Voorpostel sagt: „Je intensiver der Kontakt zwischen Geschwistern ist, desto mehr Konflikte gibt es." Laut Voorpostel streiten wir einfach häufiger mit Geschwistern als mit Freunden, weil wir weniger geneigt sind, uns zu beherrschen. Dieses Zusammenspiel von Nähe und Konflikten sei besonders in Schwesternbeziehungen ausgeprägt. Deren Verbindungen sind eigentlich ➤

die besten. Sie reden viel – mehr als Brüder –, um geografische oder emotionale Distanzen zu überbrücken. Ihre Bindung sei „im Normalfall die engste und vertrauteste im Leben einer Frau", sagt die Soziologin Corinna Onnen-Isemann von der Universität Regensburg. Aber gerade diese Nähe hat auch eine Kehrseite, wie die US-amerikanische Autorin Marian Sandmaier feststellt: „Schwestern können oft schlecht mit Konflikten umgehen. Deshalb neigen sie dazu, ihren Ärger herunterzuschlucken, bis er irgendwann wegen Kleinigkeiten aus ihnen hervorbricht." Elisabeth, eine andere Freundin von mir, ist mit zwei Schwestern aufgewachsen und kennt das Problem. „Wir waren alle immer so auf Harmonie bedacht, dass wir selten stritten. Aber wenn etwas heimlich brodelte, dann konnte schon der Ton, in dem man gebeten wurde, seinen Stuhl etwas nach vorn zu rücken, oder der Unwillen, die andere von seinem Eis probieren zu lassen, Anlass zu ausdauerndem beleidigten Schweigen werden."

Dass die Beziehung zu unseren Geschwistern nicht ohne ist, dafür gibt es noch einen anderen Grund, wie van den Eerenbeemt weiß: „Brüder und Schwestern haben einen schon als Kind gekannt. Sie wissen, wie man im Kindergarten war, sind schnell darin, uns einen Stempel zu verpassen. Das ist gefährlich, denn den wird man dann nicht mehr los: Man bleibt der Faulpelz, der Clown, der Professor. In meiner Praxis hatte ich eine Frau, die immer das dumme Gänschen war. Inzwischen ist sie Dozentin an der Universität, aber während ihrer Antrittsvorlesung konnte sie ihre Schwestern nicht ansehen, weil sie genau wusste, dass sie dann anfangen würde zu stottern." Manchmal laufen größere Konflikte derart aus dem Ruder, dass der Kontakt abgebrochen wird. Das kann ich mir in unserem Fall nicht vorstellen, aber ich kenne Familien, in denen das passiert ist. „Unmöglich", sagt Else-Marie van den Eerenbeemt, „natürlich kann man sich dazu entscheiden, keinen Kontakt mehr zu haben, aber das ist dann nur eine Unterbrechung. Man kann nicht sagen: Das ist mein Exbruder."

TYPISCH ÄLTESTE – TYPISCH NESTHÄKCHEN?
Welche Rolle wir unter den Geschwistern einnehmen, hängt oft auch mit der Position zusammen, die wir in der Reihenfolge der Geschwister haben. Sie prägt unseren Charakter. Feste Formeln gibt es zwar nicht, „aber wir können Tendenzen feststellen", sagt Hartmut Kasten, Pädagoge und Psychologe von der Universität München. „Ein geringer Altersabstand bei gleichgeschlechtlichen Geschwistern sorgt üblicherweise für die größte Nähe, sie können beste Freunde sein", sagt Kasten, „aber sie vergleichen sich auch mehr und haben ein hohes Risiko, Konkurrenz zu empfinden." Generell übernehmen Erstgeborene oft früh Verantwortung, sie kümmern sich um ihre Geschwister und orientieren sich eher an Erwachsenen, wie die Psychologin Linda Blair in ihrem Buch *Großer Bruder, kleine Schwester* schreibt. Sie bleiben oft ihr Leben lang gut organisiert, ehrgeizig, eher regeltreu. Dadurch, dass sie es erleben, die Stellung des oder der Einzigen zu verlieren, können sich aber auch Unsicherheiten festsetzen, die sie später selbstkritischer sein lassen und außerdem ein großes Bedürfnis nach Bestätigung von Autoritätspersonen auslösen.

> „Man lernt viel von seinen Geschwistern, etwa das Teilen der Elternliebe oder den Umgang mit Eifersucht"

Die Mittleren oder „Sandwichkinder", wie Blair sie auch nennt, kommen in eine Situation, in der schon jemand da ist, und der ist ihnen immer ein Stück voraus, körperlich weiter und weiß alles besser. „Deshalb suchen Sandwichkinder vermehrt andere, kreative Ausdrucksformen, werden zum Beispiel Künstler oder Musiker", schreibt Blair. Und ihre Zwischenposition macht sie kooperativ. „Sie schlagen häufig Kompromisse vor und glätten die Wogen, wenn sich alle anderen bekriegen." Aber es kann auch passieren, dass sie mit ihren eigenen Wünschen so zurückstecken, dass sie als Erwachsene ziellos sind, nicht richtig wissen, was sie wollen. Und das Nesthäkchen? „Das ist die Position, die angeblich die meisten Menschen auf Anhieb wählen würden", schreibt Blair. Alle helfen einem gern, keiner nörgelt herum: „Werd doch endlich erwachsen und mach das selber!" Allerdings fühlten sich Nesthäkchen dadurch auch oft unterlegen und nicht besonders selbst-

neu Wahre Schätze
HONIG GEHEIMNISSE
WAHRE PFLEGE-SCHÄTZE
FÜR NATÜRLICH SCHÖNES HAAR
Die Schätze des Honigs nähren und reparieren strapaziertes Haar.
NEU
GARNIER
Wahre Schätze
Der stärkende Reparierer
MIT GELÉE ROYALE
HONIG GEHEIMNISSE
HONIG BIENENBALSAM
Ohne Parabene
NATÜRLICHE EXTRAKTE
SHAMPOO
Honig
GARNIER
Wahre Schätze
Der stärkende Reparierer
TIEFENPFLEGE-MASKE
Bienenbalsam
Gelée Royale
GARNIER

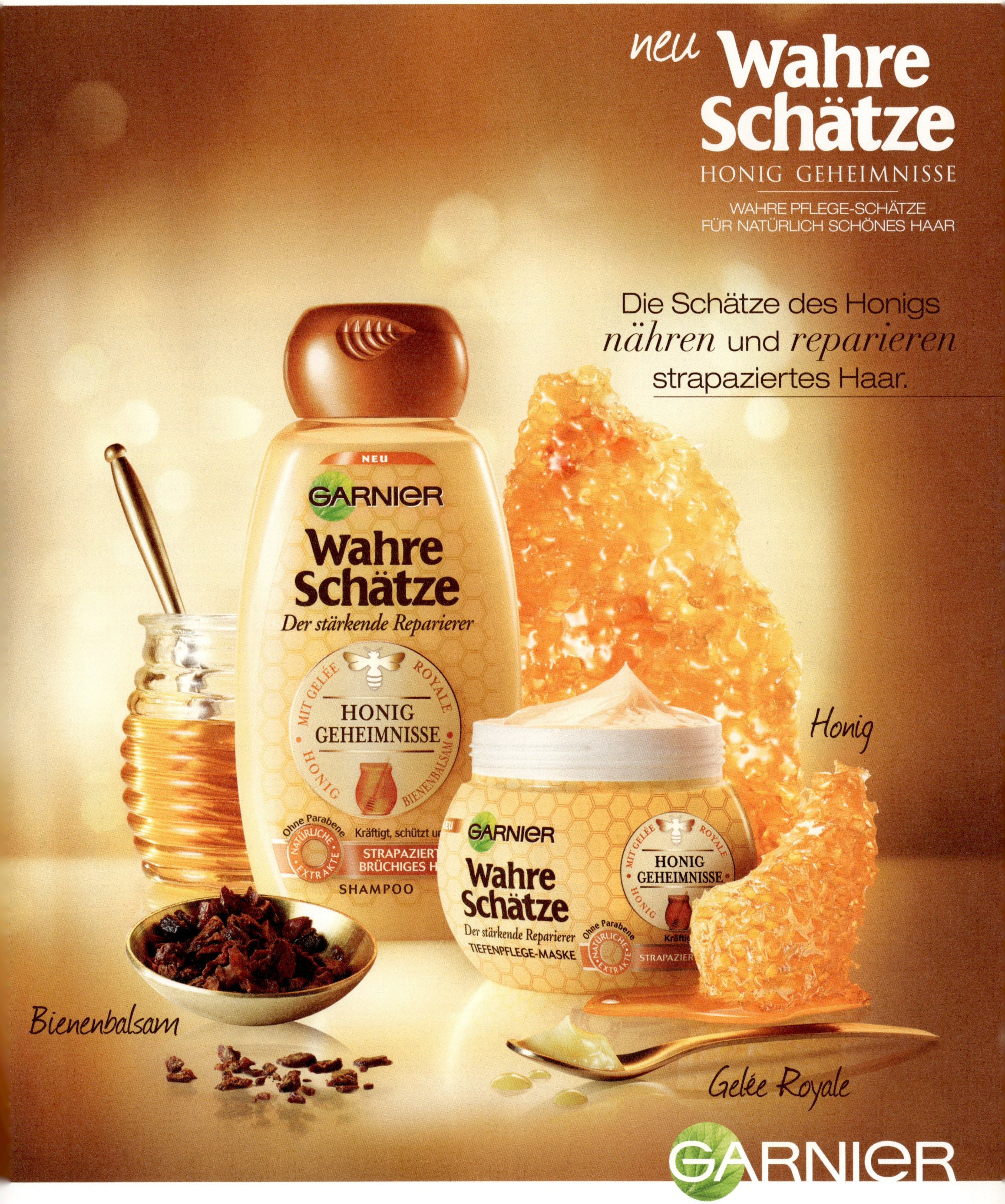

bewusst. Aber es ist die perfekte Position, um rebellisch zu werden und Autoritäten infrage zu stellen. Und Nesthäkchen sind oft innovativ, kreativ, witzig, charmant, „die perfekten Alleinunterhalter", sagt Blair. Meine Freundin Maria sagt, auf sie und ihren Bruder träfen diese Rollen absolut zu: „Ich bin die Ältere und war immer zielstrebig, hatte gute Noten, habe aufgepasst, dass meinem Bruder nichts passiert ist. Er dagegen hat viel infrage gestellt, ist witzig und eher chaotisch. Aber ich hatte auch immer das Gefühl, dass meine Eltern ihm das eher durchgehen lassen."

RIVALITÄT UND LOYALITÄT

Der amerikanische Professor Frank J. Sulloway untersuchte in seiner Studie *Born to Rebel*, warum Mitglieder derselben Familie mitunter so verschieden sind. Er sagt, es gebe einen permanenten Kampf zwischen den Kindern um die begrenzten Mittel – Wohnraum, Essen oder die Aufmerksamkeit und Liebe der Eltern. Jedes Kind entwickelt daher seine eigene Strategie, an diese Ressourcen zu kommen. „Bekommt ein Kind jedoch mehr Liebe von den Eltern als das andere, wird die Rechnung später beglichen", so Else-Marie van den Eerenbeemt, „das kann unter die Haut gehen. Ich hatte mal eine Patientin, die stolz auf ihren ersten Fernsehauftritt war und auch von ihrem Umfeld lauter positive Reaktionen darauf bekam. Außer von ihrer Schwester. Schließlich rief sie diese an, und nach einigem Drängen versprach die Schwester, sich die Sendung im Nachhinein noch anzusehen. Ihre Reaktion: ‚Die Ohrringe gehen ja gar nicht!' Ein typischer Fall alter Rivalität." Aber es gibt immer noch Chancen. „Manchmal schlägt das Leben eine andere Richtung ein, und man kommt sich plötzlich wieder näher. Tod, Krankheit, Verlust sind da Schlüsselereignisse." Van den Eerenbeemt erzählt von einer anderen Patientin, die jahrelang mit ihrer Schwester zerstritten war – bis zu dem Augenblick, als deren Tochter im Urlaub in den Pyrenäen einen Unfall hatte. Die Schwester machte sich sofort auf den Weg, als sie die schlimme Nachricht erhielt, und erschien mitten in der Nacht im Krankenhaus. „Diese Loyalität macht eine Geschwisterbeziehung aus."

UNGEBETENE RATSCHLÄGE

Natürlich spielen auch äußere Umstände eine Rolle. Vor allem in der Phase, in der sie selbst eine Familie gründen, kann sich der Kontakt zu Geschwistern über viele Jahre abschwächen. „Das muss aber nichts heißen", meint van den Eerenbeemt. „Später intensiviert sich die Verbindung oft von selbst wieder. Schwestern unternehmen etwa gemeinsam Reisen und bauen auch spät noch eine intensive Bindung auf. Außerdem darf man nicht vergessen, dass Geschwister keine Freunde sind. Sie können es sein, sind es aber nicht notwendigerweise." Beschäftigt man sich eingehend mit der Geschwisterforschung, bekommt man den Eindruck, dass die Beziehung zu unseren Brüdern und Schwestern überraschenderweise umso wichtiger wird, je älter wir werden. Dass man Geschwister hat, kann eine Bereicherung sein, so erlebe ich es jedenfalls. Als Zweitjüngste kann es einem aber auch vorkommen, als hätte man mehrere Mütter beziehungsweise Väter. Nachdem ich mich von meiner ersten großen Liebe getrennt hatte, erhielt ich nicht nur besorgte Anrufe von meinen Eltern, sondern auch von meinen Geschwistern, die mir Vorhaltungen machten und sich extrem einmischten. Ohne die Ratschläge einer Freundin („Deine Schwester hat nicht über dich zu bestimmen!") weiß ich nicht, ob ich dem Druck standgehalten hätte. Auch in die Erziehung der Kinder mischen sich zumindest meine Geschwister gern ein. Als ich schwanger mit meinem anspruchsvollen Kleinkind zu kämpfen hatte, bekam ich nach einem Besuch meiner Schwester prompt eine ausführliche Mail mit Erziehungstipps. Ärgerlich? Ziemlich. Aber doch auch ein Zeichen großer Liebe. Wer sonst würde so sorgfältig auf mich eingehen?

Wir streiten also immer noch, aber wir nehmen uns auch oft in den Arm. Und denken zurück an den Samstag, an dem unsere Mutter starb. „Brüder und Schwestern sind die Hüter deiner Seele", habe ich mal gelesen. Das finde ich einen schönen Gedanken! ●

MEHR LESEN?

* Corinna Onnen-Isemann, Gertrud Maria Rösch: *Schwesterherz, Schwesterschmerz* (MVG)
* Linda Blair: *Großer Bruder, kleine Schwester* (Goldmann)
* Hartmut Kasten: *Geschwister. Vorbilder, Rivalen, Vertraute* (Reinhardt)

Lebenslauf

LIZA MARKLUND

„Niemand wird glücklich, bloß indem er ein angenehmes Leben führt"

Als Journalistin wollte sie auf das Unrecht in der Welt aufmerksam machen, aber ihre Chefs hatten kein Interesse. Dann schrieb sie Krimis und fand heraus, dass man Missstände auch mit Literatur ansprechen kann. Inzwischen haben sich die Bücher um ihre Heldin Annika Bengtzon weltweit mehr als 16 Millionen Mal verkauft. Die schwedische Autorin über ihre Vergangenheit, Gegenwart und Zukunft

< Im Sommer 1964 vor dem Haus meiner Groß- eltern in Nybyn. Ich war andert- halb Jahre alt und redete ununterbrochen

Mit meiner Tochter Annika

Mit meiner Schwester Christine und meiner Tochter Annika

Das bin ich als Vier- jährige mit meinem Bruder, der damals eineinhalb war

NAME: Liza Marklund
GEBOREN: 1962, Pålmark, Schweden
BERUF: Schriftstellerin, Journalistin, Verlegerin und UNICEF-Sonderbotschafterin
Marklund besuchte eine Journalistenschule, arbeitete zehn Jahre als Nachrichten- reporterin, dann fünf als Redakteurin für Zeitungen und fürs Fernsehen. Sie ist Autorin der Annika-Bengtzon-Krimis, der letzte Band erscheint im März 2016 auf Deutsch (Verletzlich, Ullstein Verlag). Bevor sie mit der Arbeit an einem neuen Buch beginnt, recherchiert sie monatelang über soziale Ungerechtigkeit. Gemeinsam mit James Patterson schrieb sie den Roman Letzter Gruß, der es auf die Bestsellerliste der New York Times schaffte. Liza ist verheiratet. Sie hat zwei Töchter und einen Sohn. Sie lebt und arbeitet in Stockholm, Schweden, und Marbella, Spanien.

Vergangenheit

„Mir wurde klar, dass ich nichts von der Welt wusste und in diesem Wald feststeckte"

„Erst mit sieben Jahren hatte ich zum ersten Mal gleichaltrige Freunde. Mein Bruder und meine Schwester sind etwas jünger als ich, also spielte ich bis dahin meistens allein. Wir lebten in der Nähe des schwedischen Dorfes Pålmark, nicht weit vom Polarkreis entfernt, mitten im Wald. Im Winter herrschte monatelang Dunkelheit. Während dieser dunklen Monate gab es nur eines zu tun: Lesen. Ich habe die komplette Nancy Drew-Reihe von Edward Stratemeyer gelesen, in der sich alles um abenteuerlustige Mädchen dreht, die Geheimnissen auf die Spur kommen. Nancy Drew war meine Welt. Sie brachte mir bei, dass es für jedes Problem eine Lösung gibt, ganz gleich, was es ist.

Ich war eine gute Schülerin, besonders in Mathe, aber schlau zu sein war nicht das, was man von mir erwartete. Mein Vater reparierte Traktoren, meine Mutter arbeitete im örtlichen Steuerbüro. Ich war also ein Arbeiterkind und hatte mich gefälligst dementsprechend zu verhalten. **Und ich war ein Mädchen. Die Lehrer verlangten von mir vor allem Zurückhaltung. Doch so wie ich das sah, waren sie damit auf dem Holzweg: Es ist wichtig, eine eigene Meinung, einen hellen Kopf und Ziele zu haben.**

Wenn ich lange genug im Wald spazieren ging, traf ich dort immer auf alte Leute, mit denen ich mich unterhalten konnte. Meine Eltern schenkten mir einen Kassettenrekorder, mit dem ich einige der Menschen interviewte, denen ich begegnete. Ich wollte Geschichten schreiben, aber mir wurde klar, dass ich nichts von der Welt wusste und in diesem Wald feststeckte. Mit 16 hatte ich die Nase voll. Ich verließ die Schule, zog zu Hause aus und nahm den nächstbesten Job an, den ich kriegen konnte. Ich verkaufte Autoteile, um Geld zu verdienen. Später zog ich nach Israel, wo ich einen amerikanischen Fotografen namens Steven kennenlernte. Wir verliebten uns und reisten gemeinsam um die Welt. Hin und wieder verdienten wir etwas Geld, um unsere Reise fortsetzen zu können.

Mein Leben veränderte sich drastisch, als ich schwanger wurde, aber auch wegen eines kleinen Jungen, dem ich in einem Restaurant in Guatemala begegnete. Er bettelte dort um Essen. Man sah ihm an, dass er Hunger litt, aber die Menschen im Restaurant behandelten ihn, als wäre er ein Tier. Ich fühlte mich schrecklich, also gab ich ihm ein Stück Brot und folgte ihm nach draußen. Um die Ecke sah ich, wie er seinen kleinen Bruder damit fütterte. Ich spürte das dringende Bedürfnis, etwas gegen die Ungerechtigkeit in der Welt zu unternehmen. Ich bewarb mich bei einer schwedischen Journalistenschule und kehrte nach Hause zurück, um den Menschen von all dem Unrecht, das ich überall beobachten konnte, zu berichten. Ich trennte mich von Steven, er ging zurück nach Amerika. Ich war damals 21. Ich wollte aufhören herumzuvagabundieren, mir zur Not den Rücken krumm schuften, um für mein Kind sorgen zu können und gleichzeitig die Welt zu verändern.

Wenn man als Journalist anfängt, muss man einige Hundejahre überstehen, hart arbeiten und Nachtschichten machen. Aber zum ersten Mal in meinem Leben gab man mir eine Chance. Die Journalistenschule kostete mich nichts – als alleinerziehende Mutter bekam ich ein Stipendium –, auch die Kinderbetreuung war umsonst, und ich konnte meine Tochter Annika sogar nachts abgeben, wenn ich arbeiten musste. Inzwischen ist das System anders, ich hätte heute längst nicht mehr die gleichen Möglichkeiten. Ich finde das schrecklich schade, denn wenn man in Menschen investiert, macht sich das mehr als bezahlt. Ich bin ein lebendes Beispiel dafür.

In meiner Freizeit schrieb ich über misshandelte Kinder und Frauen. Meine Chefs fanden, Themen wie diese seien zu langweilig für ihre Leser. Ich musste immer darum kämpfen, solche Artikel unterzubringen. Ganz gleich wo ich arbeitete, ob beim Privatfernsehen oder bei einer Boulevardzeitung, die Reaktionen waren immer gleich. Aber ich blieb hartnäckig. Einmal mehr kam ich zu dem Schluss, dass es die anderen waren, die den Fehler machten, nicht ich. Denn wenn mich etwas interessierte, musste es doch mehr Menschen interessieren. Ab und an wurde einer meiner Beiträge veröffentlicht, aber um mehr Aufmerksamkeit für kritische Themen zu bekommen, beschloss ich, Romane zu schreiben. In gewisser Weise bin ich froh, dass meine Chefs bei den Klatschmedien damals so uneinsichtig waren, denn bis heute habe ich 16 Millionen Bücher verkauft."

Gegenwart

"Schon beim ersten Roman wusste ich, dass ich zehn Bücher über Annika schreiben wollte"

"Mein erster Roman wurde von einem sehr renommierten Verlag veröffentlicht, aber er hat sich überhaupt nicht verkauft. Er wurde einfach nicht beworben, und ich beschloss, dass ich es selbst besser machen könnte. Ein ehemaliger Kollege von mir hatte gerade mit einigen Freunden seinen eigenen Verlag namens Piratförlaget gegründet. ‚Ich schreibe einen Kriminalroman, würdest du ihn rausbringen?', fragte ich ihn. ‚Wenn du fünf schreibst, dann ja', lautete seine Antwort. Das war kein Problem. Meine Protagonistin, Annika Bengtzon, hatte ich schon als Kind vor Augen gehabt. Annika ist intelligent, ambitioniert, gleichzeitig verletzlich und unsicher. Kompliziert ist sie auch und nicht sonderlich gesellig. Aber sie ist eben durch und durch menschlich, mit allen Schwächen. Als Journalistin schreibt sie über die Verbrechen und das Unrecht auf dieser Welt. Das erste Annika-Buch hat sich anfangs auch nicht gut verkauft, aber als es ein paar Preise gewann, wurden die Medien aufmerksam. Schließlich wurde es ein Erfolg.

Damals arbeitete ich noch immer für die Zeitung *Metro*. Dort lernte ich meinen Mann, Mikael Aspeborg, kennen. Er war ebenfalls Nachrichtenreporter. Wir bekamen einen Sohn, Axel, und eine Tochter, Amanda. **Um eine gute Mutter zu sein, musste ich mir selbst gegenüber ehrlich sein. Ich wollte meinen drei Kindern nicht irgendwann die Schuld dafür geben, keine eigene Karriere gehabt zu haben.** Ich wurde Chefredakteurin bei *Metro*, und danach war ich beim Fernsehen bei den schwedischen *Channel 4 News* für 140 Mitarbeiter verantwortlich. Ich arbeitete sehr hart.

Manche Mütter haben Schuldgefühle, weil sie arbeiten. Aber ich finde, das Schlimmste, was man seinen Kindern antun kann, ist aufs Land zu ziehen, ohne etwas zu tun zu haben. Es klingt erst einmal ideal, aber das ist es nicht. Kinder brauchen Freunde zum Spielen, deshalb sind sie in der Tagesbetreuung gut aufgehoben. Wenn man sich die Studien ansieht, dann ist tatsächlich erwiesen, dass Kids, die in die Kita gehen, einen größeren Wortschatz haben, besser in der Schule abschneiden und weniger gesundheitliche Probleme haben.

Als die Annika-Krimireihe zum Erfolg wurde, wollte ich anderen Autoren helfen, also wurde ich Miteigentümerin des Verlags. Das ermöglichte mir, mit Menschen zu arbeiten, die ich schätzte – und außerdem konnte ich die Autoren fair bezahlen. Piratförlaget veröffentlicht nicht nur Bücher und schickt sie in die Welt hinaus. Wir wählen unsere Autoren sorgfältig aus und unterstützen sie wirklich dabei, Aufmerksamkeit zu bekommen.

Obwohl ich ein komplett anderer Mensch bin als meine Hauptfigur, habe ich sie immerzu im Kopf. Annika ist ein völlig unkooperativer Typ. Malin Crépin, die in der TV-Serie die Hauptrolle spielt, hat mir erzählt, dass sie sich manchmal, wenn sie vor einem Problem steht, fragt: ‚Was würde Annika jetzt tun?' Dann verfällt sie für kurze Zeit in ihre Fernsehrolle. Schon beim ersten Roman wusste ich, dass ich zehn Bücher über Annika schreiben wollte; ich wusste sogar, wie das letzte enden würde – was mit ihr passieren würde. Aber nachdem Roman Nummer drei erschienen war, wurde eine meiner besten Freundinnen, Anna Lindh, in einem Stockholmer Kaufhaus erstochen. Sie war damals schwedische Außenministerin. An jenem Morgen hatten wir uns noch per SMS darüber ausgetauscht, was sie am Abend bei einer Fernsehdebatte anziehen sollte. Sie war in dem Kaufhaus, um etwas Passendes zu finden. Ein paar Jahre konnte ich keine Kriminalromane mehr schreiben. Stattdessen schrieb ich verschiedene Sachbücher zu Genderfragen." ➤

Bei Annikas Hochzeit im Sommer 2013

Dieses Bild entstand 2003 in Wien bei einer Signierstunde für mein Buch Prime Time

Meine Tochter Annika und ich arbeiten oft zusammen. Sie macht meine Pressefotos – wie dieses hier – und lektoriert auch meine Bücher

Zukunft

„Ich hatte das Glück, mein Leben lang dazuzulernen"

„Es besteht kein großer Unterschied zwischen der Liza, die ich mit acht Jahren war, und der Liza, die ich heute bin. Vielleicht habe ich gelernt, etwas geduldiger zu sein, obwohl ich immer noch nicht leicht zur Ruhe komme. Ich muss ständig etwas zu tun haben. **Niemand wird glücklich, bloß indem er ein angenehmes Leben führt. Unannehmlichkeiten können sogar recht nützlich sein. Sie bringen einen weiter. Glücklich zu sein ist mitunter ziemlich langweilig.**

Mein Mann Mikael und ich sind jetzt seit 25 Jahren zusammen. Wir sind selten einer Meinung, aber wir sind uns einig in unserer Uneinigkeit. Das Wichtigste ist, dass wir darin übereinstimmen, wie wir unser Leben leben wollen. Er ist der intelligenteste Mann, den ich kenne. Er war Arzt, bevor er sich entschloss, Journalist zu werden. Wenn er sein Leben zum Besseren ändern will, dann tut er das. Er ist ein wenig macho – kein sonderlich weicher Typ.

Man lernt, indem man etwas ausprobiert. Ich hatte das Glück, mein Leben lang dazuzulernen; dafür muss man keine Universität besuchen. Ich habe ein Drehbuch für Hollywood geschrieben, mit einem Londoner Produzenten zusammen. Das Skript wird vermutlich nie umgesetzt, aber ich wollte wissen, wie man so was macht, und es war eine gute Erfahrung. Bei meiner Arbeit als UNICEF-Botschafterin lerne ich viel über unterschiedliche Kulturen und die Rechte der Kinder. Als Schriftstellerin bekommt man eine Menge Anfragen, gemeinnützige Organisationen zu unterstützen, aber als UNICEF mit der Bitte an mich herantrat, eine ihrer Botschafterinnen zu werden, habe ich sofort zugesagt – wegen des Jungen in Guatemala.

Ich brauche zehn Monate, um ein Buch zu schreiben, also bleibt mir im Jahr genug Zeit dafür, andere Dinge zu tun. Wir haben zum Beispiel Dokumentationen über HIV-kranke Kinder in Kambodscha, über Kindersklaverei in Albanien und Straßenkinder in Kolumbien gemacht. Das kann einem aufs Gemüt schlagen, aber ich bin nicht pessimistisch veranlagt. Es gibt immer noch viel Armut auf der Welt, aber über die letzten paar Jahre hat sie statistisch gesehen tatsächlich abgenommen.

Das Leben wird besser und reichhaltiger, wenn man älter wird. Ich habe kein besonders ausgeprägtes Selbstwertgefühl, aber ich habe Selbstvertrauen. Mein Aussehen war mir nie sonderlich wichtig. Ich gehe noch nicht einmal zum Friseur, und ich kaufe mir selten neue Kleider. Die Haare färben oder die Nägel lackieren, dabei geht es darum, nett auszusehen. Aber sich einer Schönheitsoperation zu unterziehen oder ein Nervengift wie Botox ins Gesicht zu spritzen, um jünger zu wirken? Nein danke! Es ist traurig, wenn Menschen glauben, sie seien nicht gut genug, so wie sie sind. Falten könnten mir nicht gleichgültiger sein. Wenn du dein Leben nach den richtigen Werten ausrichtest, dann sieht man das auch. Wenn nicht, dann wirst du Probleme mit dem Altern haben.

Ich bin kürzlich Großmutter geworden; meine älteste Tochter Annika hat ein Kind bekommen. Das ist ein kleines Wunder. Vor wenigen Jahren hatte sie Gebärmutterkrebs. Jetzt geht es ihr wieder gut, aber in der Schwangerschaft sagten die Ärzte ihr, bis das Baby auf der Welt ist, bräuchte sie viel Ruhe. Einmal musste sie in einer Arztpraxis sehr, sehr lange warten und war entsprechend frustriert. Sie rief mich an und fragte, was sie tun soll. ‚Mach es wie Annika', sagte ich, ‚veranstalte eine Szene!' Manchmal ist es eben schwer, für sich selbst einzustehen. Dann hilft es wirklich, sich meine Hauptfigur ins Gedächtnis zu rufen. Das sollte jeder mal ausprobieren. Annika ist mein Mittel, die Welt ein bisschen zu verbessern. Da ich immer wieder über diese Frau geschrieben habe, die sich sehr viel herausnimmt und damit auch durchkommt, schneiden sich andere Frauen vielleicht irgendwann eine Scheibe von ihr ab.

Ich habe gerade das letzte Buch der Krimireihe beendet – das große Finale. Auf mich wartet ein Leben nach Annika. Ich möchte weiterschreiben, am liebsten über Frauen. Aber ich weiß gar nicht, ob die Bücher mein ganzes Leben über da sein werden. Vielleicht studiere ich auch noch einmal – Menschenrecht, Kinderrecht oder Frauenrecht – und werde Anwältin. Gerechtigkeit ist in meiner DNA." ●

HANDGEMACHT IN BRÜGGE

In den mittelalterlichen Gassen Brügges gibt es eine Vielzahl junger, kreativer Talente zu entdecken, die alte Handwerkskünste zu neuem Leben erwecken. Flow-Autor Chris Muyres durchstreift die belgische Hansestadt auf der Suche nach den neuen Bäckern, Webern, Steinmetzen und Papiermachern

Währenddessen in Belgien

Brügge ist die Hauptstadt und auch die größte Stadt der Provinz Westflandern in der flämischen Region Belgiens

„Es hat mich überrascht, wie viele Gleichgesinnte es hier gibt"

Freitagabend in Brügge. Die Sonne geht unter, die Tagesausflügler haben die mittelalterliche Stadt verlassen. Als wir über die kleine Brücke aus dem 18. Jahrhundert am Stadthausgarten spazieren, fühlen wir uns um Jahrhunderte in der Zeit zurückversetzt. Tatsächlich wirkt die belgische Hansestadt oft wie ein großes, magisches Freilichtmuseum, und man könnte meinen, mehr gäbe es über die Stadt nicht zu sagen: hübsch, aber museal. Doch das ist ein Irrtum, denn hinter den historischen Fassaden finden sich zahlreiche moderne kreative Projekte. Hier leben und arbeiten begeisterte Handwerker und Künstler, die alte Techniken neu beleben. Wenn man ein bisschen herumstromert, dann kann man ihnen begegnen, den modernen Bäckern, Webern, Papiermachern.

DER DUFT VON KEKSEN
Bei günstigem Wind steigt der würzige Duft von Spekulatius bis hoch oben auf den Turm des Rathauses. Um die Ecke des Grote Markt befindet sich der Keksladen von Brenda Keirsebilck, der so ganz anders heißt als seine Besitzerin: Juliette's Artisanale Koekenbakkerij. Brenda backt ihre handgemachten Kekse nach alten Rezepten, ohne künstliche Zusatzstoffe. Neben traditionellem belgischem Gebäck erfindet Brenda immer wieder neue Variationen. „Ich unterhalte mich viel mit meinen Kunden, tausche mit ihnen Rezepte aus. Das macht mir Spaß, deswegen eröffne ich auch kein Juliette's in Antwerpen, meiner Heimatstadt. Schließlich kann ich nicht in mehr als einem Geschäft gleichzeitig sein."

Brenda findet an Brügge toll, dass hier ein schief hängendes Straßenschild oder ein loser Pflasterstein sofort repariert werden. „Doch die Verwaltung und die Tourismusunternehmen wollen die Stadt nicht nur in der Vergangenheit einfrieren", fügt sie hinzu. „Im Gegenteil. Daher gibt es jetzt auch die ‚Handmade in Brugge'-Initiative, die kreative Leute aus Kunst und Handwerk zusammenbringt. Dadurch treten wir aus der Anonymität. Es hat mich überrascht, wie viele Gleichgesinnte es hier gibt."

Bevor Brenda ihren Laden eröffnete, arbeitete sie in der Werbung, reiste viel. „Unterwegs fotografierte ich hauptsächlich Leckereien", erinnert sie sich. Als Souvenir brachte sie stets Gewürze, Früchte, ausländische Spezialitäten und Kochbücher mit nach Hause. Eines Tages nahm sie – zunächst einfach zur Entspannung – an einem Backkurs teil. „Ich habe schon immer gern gebacken, und mit der Zeit wurde mir klar, dass ich beruflich gern etwas anderes tun würde, das mich mehr erfüllt", erzählt sie. „Als ich dann plötzlich die Chance erhielt, diese Bäckerei hier zu übernehmen, zögerte ich nicht lange." Da passte einfach eins zum anderen.

Beim Anblick von Brendas bunten Backwaren, die sie in großen Glasgefäßen ausstellt, bekommt man einen Eindruck davon, warum sie so glücklich ist. Über der Theke steht eine Reihe alter Blechkeksdosen mit Bildern der belgischen Königsfamilie. „Eines Tages schenkte mir ein Stammkunde, ein alter Herr, eine unglaublich schöne Dose mit einem Bild von Belgiens Königspaar Baudouin und Fabiola auf dem Deckel", erzählt Brenda. „Er sagte, es sei ein Abschiedsgeschenk. Er war nämlich der Chauffeur des Paares gewesen und hatte bei mir immer die Kekse gekauft, die er seinen Arbeitgebern servierte. Er erwähnte es nie, aber als er dann in Rente ging, verriet er mir sein Geheimnis. Sie können sich vorstellen, wie stolz ich auf diese Keksdose bin!"

IN STEIN GEMEISSELT
Abseits der ausgetretenen Pfade, in der stillen Sint-Clarastraat, gelangen wir zum Geschäft und Atelier von Maud Bekaert, der Nummer 40. Die bemerkenswert elegante

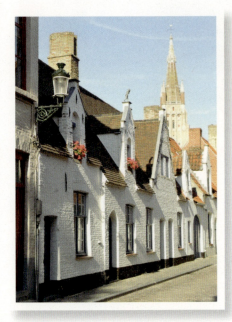

Hausnummer ist in Stein gemeißelt – von Maud persönlich, wie sich herausstellt. Mit 17 Jahren verlor sie ihr Herz an die Kunst des Steingravierens. Um das Jahr zwischen Schule und College zu überbrücken, arbeitete sie im Atelier eines Steingraveurs, einem Freund ihres Vaters. Eigentlich hatte sie geplant, Architektur zu studieren, doch schon nach drei Wochen wusste sie, dass sie ihre Berufung gefunden hatte. „Zur Kunst des Gravierens gehört zweierlei", erklärt Maud, „man muss erst den Text entwerfen, dazu braucht man Kalligrafie. Anschließend kommt die handwerkliche Arbeit, man überträgt die Buchstaben mit dem Bohrer auf den Stein, etwa für Gedenktafeln, Grabsteine oder Kunstwerke für den öffentlichen Raum."

Maud lernte Kalligrafie, begann als Auszubildende und wurde Expertin. Ihr Lehrer war Brody Neuenschwander, der unter anderem für den Arthouseregisseur Peter Greenaway arbeitete. Maud lässt sich hauptsächlich von modernen Künstlern, Designern und Architekten in ihrer eigenen Umgebung inspirieren: „Ich durchquere Brügge gern mit dem Fahrrad und zu Fuß und gehe oft in das Groeningemuseum, um die Flämischen Primitiven, eine Schule von Künstlern aus dem Spätmittelalter, zu betrachten. Die Gemälde sind in gewisser Weise modern." Maud zufolge kann man deutlich spüren, dass von Brügge eine ganz besondere Schwingung ausgeht. „Im Mittelalter war die Stadt ein wichtiges Handelszentrum", erklärt sie. „Damals – das muss faszinierend gewesen sein – kamen Italiener, Portugiesen und Fremde aus aller Herren Länder her, um Handel zu treiben. Sie brachten neue Textilien und zahlreiche andere neuartige Materialien mit, etwa Farbpigmente für Künstler. Dies regte Handwerker an, sich hier niederzulassen. Das ist es, was mich so anspricht, dieses Grenzübergreifende zwischen den Kulturen und Techniken. Genau diesen Austausch gibt es auch heute noch in Brügge."

WEBEN NACH LUST UND LAUNE
Während Mauds Studio heitere Ruhe ausstrahlt, leben Ilse Acke und ihr Freund Jeffrey Vanhille in einer Art Villa Kunterbunt. Die schönsten Räume ihres Hauses dienen dem Weben und Polstern von Möbeln. Ihr geräumiges Schlafzimmer mit Bad im Erdgeschoss ist gleichzeitig Jeffreys Atelier und vollgepfropft mit Möbeln, Stoffballen, Werkzeugen. Zwei große Räume im Obergeschoss sind von zwei Webstühlen, Wollknäueln und Garnspulen in den herrlichsten Farben belegt. Die Schals, die Ilse hier webt, kann man fast als abstrakte Kunstwerke betrachten. Tatsächlich tragen manche ihrer Kundinnen die Stücke gar nicht, sondern hängen sie an die Wand. „Die Textilindustrie in Brügge hat eine lange Geschichte", erzählt Ilse, „doch was ich mache, ist etwas so Persönliches, dass ich kaum das Gefühl habe, mich in die

1. Brenda Keirsebilck, die Besitzerin von Juliette's Artisanale Koekenbakkerij
2. Maud Bekaert in ihrem Ladenatelier
3. Einer der Geschenkartikel in Mauds Laden
4. Ilse Acke mit ihrem Vorrat an Garnen
5. Webstuhl und Wollknäuel: Ilses Atelier

textile Tradition einzureihen. Meine Arbeit ist grafisch, vereint zahlreiche Farben und Materialien. Immer wieder versuche ich, etwas Neues herzustellen; das ist die Herausforderung beim Weben, die mir so viel Freude bereitet. Denn warum sollte ich etwas anfertigen, was bereits existiert?"

Ihren Lebensunterhalt verdient sich Ilse als Grafikdesignerin. Sie möchte nicht nur von der Weberei leben, denn dann, so befürchtet sie, würde sie ihre jetzige Freiheit vermissen, was wiederum ihre Kreativität einschränken könnte. „Manchmal bin ich zu müde zum Weben, aber trotzdem brauche ich jeden Tag etwas Zeit im Atelier. Das entspannt mich, dort bin ich ganz ich selbst." Sie knüpft gern Verbindungen zu anderen allein arbeitenden Kunsthandwerkern in Brügge, um ihre Arbeit etwas bekannter zu machen. „Es ist schön, zu zeigen, dass unsere Stadt weit mehr ist als ein historisches Örtchen und dass sich hier auch Neues entwickelt. Damit können wir andere inspirieren." Der Webkurs, den Ilse im Rahmen ihres Designstudiums ➺

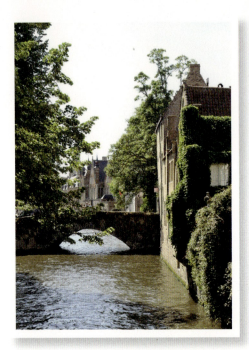

1. Hölzerne Lettern in Piet Moermans Papierwerkstatt
2. Piet mit bedruckten Karten – gemacht aus seinem geschöpften Papier

„Papierschöpfen ist harte Arbeit, macht aber großen Spaß. Das ist meine Flucht aus dem hektischen Alltag"

besucht hat, wäre beinahe eingestellt worden, obwohl es der einzige in ganz Belgien ist. Doch von ihren ehemaligen Lehrern hat Ilse erfahren, dass sich neue Studenten eingeschrieben haben, nachdem sie ihre Arbeiten gesehen hatten. „Das finde ich unglaublich", sagt sie. „Man macht das, was man liebt, und die eigene Kreativität löst einen Impuls in anderen aus."

LEIDENSCHAFT FÜR PAPIER

Nicht weit weg von Ilses Atelier, in der friedlichen Greinschuurstraat, liegt das Studio von Piet Moerman. Wie Ilse arbeitet Piet hier in seiner Freizeit – er stellt Papier her. Hinter einer Backsteinfassade liegt sein Atelier, ein großer Raum über zwei Etagen. Im Erdgeschoss stehen mehrere schwere gusseiserne Papierpressen und ein Bottich mit Pappmaschee, das in Wasser weicht. Außerdem gibt es einen Tisch, einen Plattenspieler mit einigen klassischen LPs sowie ein Bücherregal voller Schachteln mit Umschlägen und handgeschöpften Karten. Oben sind Hunderte Bögen Papier zum Trocknen aufgehängt. „Papierherstellung ist harte Arbeit", erklärt Piet, „weil man jedes einzelne Blatt zum Trocknen aufhängen muss. Doch es macht großen Spaß. Es ist meine Flucht aus dem hektischen Alltag." Piet entdeckte das Handwerk zufällig, als er in der Buchstadt Redu in der Wallonie eines Tages jemanden bei der Papierherstellung beobachtete. Er wusste sofort: „Das ist das richtige Hobby für mich. Piet druckte Entwürfe von Boudens, Brügges Kalligrafiefamilie, auf seine handgemachten Karten. Piet: „Die Karten verkaufen sich so gut, dass ich mir meine Leidenschaft leisten kann. Ich bin nicht sicher, ob es irgendwo anders auch so schnell möglich gewesen wäre. Ich glaube, dass in Brügge einfach das richtige Klima für Handwerkskunst und Innovation herrscht."

BLUMEN FÜR DIE NEUEN

Ein neuer Morgen in Brügge, unser letzter. Wir schlendern durch die Stadt, sehen Schokoladenmanufakturen und einen hippen Fahrradladen, wie er genauso gut in New York sein könnte. Und wir kehren in einem hübschen, mit alten Möbeln ausgestatteten Café ein. Im Fenster hängt ein Plakat mit der Aufschrift „Keep Calm & Eat a Bagel". Ein köstlich aussehender Bagel nach dem anderen geht über die Theke, gut gelaunt serviert von einem jungen Paar. Während wir uns noch über die vielen überraschenden Entdeckungen und die inspirierenden Begegnungen unterhalten, betritt eine Frau mit einem Blumenstrauß das Café und überreicht ihn der jungen Frau hinter dem Tresen mit den Worten: „Willkommen in unserer Straße!" Es stellt sich heraus, dass das Café Sanseveria, in dem wir sitzen, heute erst eröffnet hat. Neue, spannende Läden gibt es eben viele in Brügge, dieser geschichtsträchtigen Stadt, die dennoch viel mehr ist als ein Freilichtmuseum. ●

HIER FINDEST DU DIE GESCHÄFTE

* Brenda Keirsebilck: Juliette's Artisanale Koekenbakkerij, Wollestraat 31a, juliettes.be
* Maud Bekaert: Sint-Clarastraat 40, lettersinsteen.be
* Ilse Acke: ilseacke.blogspot.nl
* Piet Moerman: Greinschuurstraat 4, papierschepperij.be
* Sanseveria Bagel Salon: Predikherenstraat 11, sanseveria.be

TEXT **CHRIS MUYRES** FOTO **CAROLINE COEHORST**

Kolumne

Ab jetzt Sonne sein

Im Alltag schlägt uns oft die graue, grummelige Seite des Lebens entgegen. Kolumnistin Merle Wuttke will da nicht länger mitmachen. Sie versucht es mit Tanzen – und überrascht damit sich und andere

Meinen letzten Urlaub verbrachte ich in Großbritannien. Es waren schöne Ferien. Ich aß viel Scones mit fetter Clotted Cream, beobachtete Hirsche und fühlte mich wie Lady Mary aus *Downton Abbey*. Vor allem aber wurde ich oft überrascht. Davon, wie schön das Zusammensein mit Fremden sein kann. Denn egal wo ich hinkam: Unbekannte fragten mich freundlich, wie es mir ging. Man hielt mir die Tür auf oder ließ mir auf einem schmalen Fußweg den Vortritt. Irgendjemand entschuldigte sich immer bei mir (manchmal scheinbar einfach so). Ja, auch pubertierende 14-Jährige.

Die ersten Tage war ich über so viel Höflichkeit ein wenig irritiert, dann für den Rest der Ferien fasziniert und am Ende traurig, weil ich wusste, was mich bei meiner Rückkehr erwarten würde (wir Deutschen sind schließlich nicht gerade als das freundlichste Volk bekannt). Und – ich muss es leider sagen: Zu Hause wurde es nicht schön. Ein Paketbote pöbelte mich morgens grundlos an einer Kreuzung an. Die Marktfrau sprach beim Einkaufen nicht mit mir. Ich selbst fiel ebenfalls in den Grummelmodus zurück. Obwohl ich mir so fest vorgenommen hatte, nach dem Urlaub ein besserer Mensch zu werden! Eine Sonne, an der sich die anderen wärmen könnten. Zugegeben, für meine Verhältnisse ein hoch gegriffenes Ziel.

Aber egal, schließlich ging es um mehr. Denn eins hatte ich in Großbritannien gelernt: Wir Menschen sind darauf angewiesen, freundlich miteinander umzugehen. Wir brauchen den sozialen Austausch, das Beisammensein, die Nähe. Studien zeigen sogar, dass sich bei einem Mangel an sozialen Kontakten das Risiko erhöht, im Alter an Alzheimer zu erkranken. Wir müssen also, schon um gesund zu bleiben, netter miteinander sein. Oder besser noch – miteinander tanzen. Tanzen ist nämlich pure Nächstenliebe (und die ist in diesen Tagen vor dem Fest doch wichtig). Würden wir alle jeden Tag eine halbe Stunde tanzend verbringen – die Welt wäre eine bessere. Ich habe lange recherchiert, um eine Studie zu finden, die diese These untermauert, leider wurde dazu offenbar noch nicht ausreichend geforscht. Macht nichts. Das Gefühl, dass nach dem Tanzen unser Herz aus dem Körper springen und die Welt umarmen möchte, kennt doch irgendwie jeder.

Mir hat das gerade wieder einen Abend gerettet. Ich war auf einer Party, das Essen war gut, die Musik schlecht. Ich sage nur: *Hitgiganten 2000.* Ich wollte bereits gehen, da dachte ich an die höflichen Briten, den Weltfrieden und dass, wer eine Sonne werden will, auch Opfer bringen muss. Also legte ich los. Schüttelte meine Haare zu den Sugababes und die Miesmacher-Stresshormone aus meinem Körper. Und es war tatsächlich so: Bei *Hits der 90er* wuchs ich über mich hinaus. Weil Tanzen und schlechte Laune halt glücklicherweise nicht zusammenpassen. Weshalb der australische Künstler Peter Sharp es ja auch schafft, muffelige Montagmorgenpendler im Zug zur Arbeit dazu zu bringen, *Over the Rainbow* mit ihm anzustimmen und mit den Füßen zu wippen. Und der Musikkognitionsforscher Gunter Kreutz von der Universität Oldenburg findet, dass schon in der Schule Tanzen gelehrt werden sollte, um aggressives Verhalten auszubremsen.

Wenn ich also das nächste Mal auf der Straße angeraunzt werde, schnappe ich mir den unglücklichen Menschen und tanze mit ihm. Und nach den dreieinhalb Minuten, die so ein Lied dauert, liegen wir uns in den Armen. Rock 'n' Roll! ●

Merle Wuttke (40) hält im Übrigen das Lied *Lady O* von dem Italiener Raphael Gualazzi für am besten geeignet, um fremde Menschen mit Zuneigung zu überschütten

LIVE MINDFULLY

An der Tashkent State University of Economics studierte Dinara Informatik, doch ihre Leidenschaft galt schon immer schönen Mustern und dem Illustrieren. Das hat sie sich schließlich selbst beigebracht – inzwischen arbeitet sie erfolgreich als Designerin. Alles über Dinara und ihre Kunst findest du auf ihrer Website: mirdinara.com

ILLUSTRATION (VORDERSEITE) **DINARA MIRTALIPOVA** FOTO (RECHTS) **AKG-IMAGES**
VERWANDLE DIESE SEITE IN EIN LESEZEICHEN: EINFACH DAS AUSGESTANZTE PAPIERRECHTECK AM FALZ KNICKEN UND DURCH DEN KLEINEN SCHLITZ STECKEN

Oh, the weather outside is frightful /
But the fire is so delightful /
And since we've no place to go /
Let it snow, let it snow, let it snow!

Aus: *Let It Snow* von Dean Martin

Live mindfully

Leben im Hier und Jetzt

Macht der Gewohnheit

Raus aus dem Alltagstrott und jeden Tag ein bisschen bewusster angehen. Wenn andere mitmachen, ist das ganz leicht und bleibt nicht nur ein guter Vorsatz. Unter monatsmob.de gibt es – genau! – jeden Monat ein neues Projekt, das für mehr Achtsamkeit sorgt: 30 Tage jammerfrei leben. 30 Tage meditieren. Oder ausmisten. Anderen eine Freude machen. Die Idee dahinter: Wer eine Verhaltensweise 30 Tage lang wiederholt, schafft damit die Basis, daraus eine Gewohnheit zu machen. Pro Aktion gibt es drei Podcasts: einen zur Einführung, den nächsten zwischendurch zur Motivation und am Ende ein Fazit.

Der Weg als Ziel

Ein merkwürdig kribbeliger Schwebezustand, den alle Reisenden kennen: dieses Irgendwie-dazwischen-Sein, weder richtig weg, noch richtig da. Der Instagram-Account @whileinbetween sammelt diese Momente – und auch dein Blick aus dem Zugfenster kann dabei sein. Versieh ihn auf Instagram einfach mit dem Hashtag #whileinbetween.

Gute Beute(l)

Ihre Taschen sollen ein Statement gegen den Plastiktütenwahn sein, aber auch die Liebe zu schönen Dingen ausdrücken: Deshalb fertigen die drei Designerinnen des Kölner Labels Sac ihre Beutel aus aussortierten Stoffen oder Restmaterialien wie alten Surfsegeln. Jede Tasche ist ein Unikat. Ab 50 Euro, sac-cologne.de

Ein Kühlschrank für alle

Es kommt ja leider doch vor, dass man einkauft und irgendwann feststellt, dass man das alles gar nicht aufessen kann. Dank foodsharing.de lassen sich überzählige Lebensmittel einfach weiterverteilen. Auf einer Karte sind die Standorte öffentlich zugänglicher Kühlschränke markiert, sogenannte Fairteiler. Hier kann jeder Milch, Joghurt & Co. hineinstellen – oder rausnehmen. Oder man packt einen virtuellen Essenskorb mit dem, was übrig ist, registriert ihn auf der Website und lässt ihn abholen.

Erste Hilfe

„Gemeinsam reparieren statt alleine wegschmeißen" ist das Motto der Repair-Cafés, die es inzwischen in vielen Städten gibt. Für alle, die keins in der Nähe haben, gibt es jetzt ein Buch, in dem steht, wie man beispielsweise eine Schublade leimt oder einen kaputten Kopfhörer wieder hinkriegt.
Repair Café (Topp, 17,99 Euro)

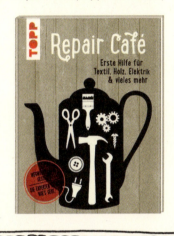

Alltagsfantasien

Sieht eine halbe Mandarine nicht aus wie der Panzer einer Schildkröte? Oder eine Schmetterlingsnudel wie der taillierte Leib einer Balletttänzerin? Und diese Brezel? Wie die übereinandergeschlagenen Beine eines meditierenden Mönchs. Kristián Mensa (17), Illustrator aus Prag, entdeckt in den unscheinbaren Dingen des Alltags kleine Kunstwerke. „Einfache Objekte können Hunderte verschiedene Gestalten annehmen", sagt er. Und so baut er diese kleinen Dinge wie Schrauben, Früchte oder Schokoriegel in seine witzigen Illustrationen ein. Sein Trick, den Blick zu schulen, ist simpel: „Schaltet auf dem Nachhauseweg eure Handys aus und schaut euch um." Mehr von seinen Arbeiten findet ihr hier: mrkriss.com

Smile to go

Ein Sprichwort sagt: „Das Lächeln, das du aussendest, kehrt zu dir zurück." Und weil es nicht genug Lächeln in der Welt geben kann, helfen wir nach: Einfach eine Vorlage mit Smileys malen, kopieren und so einschneiden, dass man das Lächeln leicht abreißen und mitnehmen kann. Oder eine Vorlage aus dem Internet ausdrucken: takeasmile.org. Dann die Blätter überall dort aufhängen, wo viele Leute vorbeigehen und ein Lächeln richtig gut gebrauchen können.

Na dann, Prost

In stressigen Situationen tut es gut, stilles Wasser in kleinen Schlucken zu trinken, das beruhigt sofort. Die kunterbunten „Gusto Cups" verbreiten dazu noch gute Laune. Sie sind aus Bambusfasern gemacht und komplett kompostierbar. Ab 5 Euro über schoener-waers.de – einen Shop für nachhaltiges Design.

Reden versus machen

Wie viel Gespräch und Gedankenaustausch braucht eigentlich eine Beziehung? Die Antwort wird je nach Temperament unterschiedlich ausfallen. Mariska Jansen geht der Frage nach, wie „Redner" und „Macher" dennoch miteinander glücklich werden können

Nur allzu häufig ist es ein echter Stolperstein in einer Liebesbeziehung oder Freundschaft, dass einer von beiden gern redet und sich austauscht, während der andere lieber handelt. Manchen ist es ein ständiges Bedürfnis, das, was sie im Leben beschäftigt, bewegt oder bekümmert, auch in Worte zu fassen. Typische „Macher" hingegen wollen lieber aktiv werden, gemeinsam Sport treiben oder zusammen auf den Markt oder ins Theater gehen – und zwar am liebsten, ohne hinterher tiefschürfend darüber zu sprechen, was sie während der Vorstellung oder des Bummels empfunden haben.

Ich selbst rede lieber. Mich interessiert am Leben und an anderen Menschen immer das Persönliche: Gefühle, Beweggründe und die dazugehörigen Geschichten und Anekdoten. Mit „Machern" kann ich deshalb manchmal nicht gut umgehen, denn wir teilen nicht dasselbe Interesse für Analyse und Reflexion von Situationen und Gefühlen. Außerdem präsentieren Macher häufig sofort eine Lösung und geben Tipps, noch bevor ich mein Herz richtig ausgeschüttet habe.

Vor allem in einer intimen Beziehung kann es vorkommen, dass „Redner" und „Macher" regelrecht aneinandergeraten. In dem amerikanischen Bestseller *Das Liebesleben des Nathaniel P.* von Adelle Waldman glaubt die Hauptperson, Nat, ein junger Schriftsteller aus New York, mit den verschiedenen Frauen im Reigen seiner Liebschaften tiefe Beziehungen geführt zu haben. Doch in Wahrheit hat er sich der jeweiligen Freundin nie richtig geöffnet. Und heiklen Gesprächen geht er sowieso am liebsten ganz aus dem Weg. „Ich weiß nur, dass ich immer das Gefühl hatte, bei dir auf Widerstand zu stoßen, wenn ich versuchte, über das zu reden, was mit uns los war", schreibt eine seiner Exfreundinnen in einer wütenden Mail.

EINE KOMMUNIKATIONSKLUFT
Ist dieser Verhaltensunterschied womöglich vor allem ein Mann-Frau-Problem? Dieser Meinung ist jedenfalls der amerikanische Psychologe und Autor John Gray, der dem Phänomen eine ganze Reihe von Bestsellern widmete. Ihm zufolge gibt es einen wichtigen Unterschied zwischen Männern und Frauen, was das Reden und Handeln angeht. Die häufigste Klage von Frauen über ihre Männer lautet, dass sie nicht zuhören würden – oder wenn, dann nur ein paar Sätze lang. Schnell unterbrechen sie, verlieren sich in Überlegungen, wie sie helfen könnten. „Sie will Mitgefühl, doch er glaubt, sie wolle eine Lösung", schreibt Gray.

Die Kommunikationskluft zwischen Männern und Frauen illustriert er schon seit Jahren mit einer Planetenmetapher: Frauen kommen von der Venus, Männer vom Mars – Himmelskörper, die Lichtjahre voneinander entfernt liegen. Frauen, also Venusbewohner, legen viel Wert auf Liebe, Beziehungen, Ästhetik. „Die Gefühle anderer zu verstehen und die Verbundenheit in ihren Freundschaften gibt ihnen das Gefühl, wertvoll zu sein. Kontakt mit anderen macht sie zufrieden", schreibt Gray in *Männer sind anders. Frauen auch.* In der Männerwelt des Mars sind andere Werte zentral, etwa Macht, Wissen und Erfolgsorientierung. Ihren Selbstwert

Vielleicht gelingt es uns ja, das Handeln einfach als eine andere Art der Gefühlsäußerung zu betrachten

Beziehung

beziehen die Marsbewohner aus der Fähigkeit, Resultate zu erzielen, aus Erfolg und Leistung. Das alles klingt nach Klischee, aber laut der Psychologin und Psychotherapeutin Carola Grutter steckt ein wahrer Kern darin. „Im Allgemeinen beschäftigen sich Frauen schon mehr mit ihrer Innenwelt, denken mehr über Gefühle, Wünsche und Beziehungen nach", sagt sie. „Viele Männer halten sich dagegen weniger mit dem auf, was sie fühlen, und merken auch oft nicht so schnell, was sich auf dieser Ebene bei ihnen und bei anderen abspielt. Männer haben häufig nicht richtig gelernt, ihre Gefühle zu verstehen. Sie laufen sogar häufig davor weg. Und das, obwohl ihr Bedürfnis nach Intimität im Grunde genauso groß ist wie bei Frauen."

JENSEITS DER KLISCHEES
Natürlich ist die Realität differenzierter. Es gibt unzählige lösungsorientierte oder sehr schweigsame Frauen, die man als „Macherinnen" kategorisieren kann, und andererseits treffe ich auch immer mal wieder auf Männer, die sehr gern reden. Bei einer der ersten Verabredungen mit meinem Mann vor acht Jahren war ich zutiefst erstaunt über seine selbstverständliche Art, Gefühle wichtig zu nehmen. Er konnte mir bis ins Detail erklären, wer er war, und wollte auch über meine Gefühlswelt so ziemlich alles wissen.

Ob Mann oder Frau, ist also nicht allein ausschlaggebend dafür, ob man zu den Handelnden oder Redenden gehört. Auch Persönlichkeit und Erziehung tragen dazu bei. Jemand mit einer extrovertierten, herzlichen Persönlichkeit wird eher geneigt sein, über Gefühle zu sprechen, egal ob Mann oder Frau. Wer in einer Familie aufgewachsen ist, in der es einen intuitiven Umgang mit Gefühlen gibt, wird das als Erwachsener fortführen. Wer unter schweigsamen Tüftlern groß wird, übernimmt automatisch die Macherattitüde.

Manchmal können solche unterschiedlichen Wesensarten sogar dazu führen, dass eine Beziehung scheitert. Dabei muss es gar nicht fatal sein, wenn die Partner sozusagen von verschiedenen Planeten stammen; zum Problem wird es nur, wenn beide keine Brücken schlagen können und sich nicht

Du musst nicht immer sprechen, um zu kommunizieren

mehr über die wesentlichen Dinge verständigen. Der Eismann aus der gleichnamigen Erzählung des japanischen Autors Haruki Murakami (aus dem Sammelband *Blinde Weide, schlafende Frau*) liebt Gesellschaft, spricht aber nie über sich und äußert keine tiefen Gefühle. „Warum redest du nie über dich?", fragt ihn seine junge Frau. „Ich möchte so gern alles von dir wissen: Wo du geboren bist, wer deine Eltern waren, wie du ein Eismann geworden bist." Als das Paar an den Südpol übersiedelt, wo sich der Eismann zu Hause fühlt, zerbricht die Frau an dem Kommunikationsproblem, so sehr sie ihn liebt. „Letztendlich verlor ich in dieser schweigsamen, von dickem Eis umgebenen Welt nach und nach meine Kraft."

TORTEN BACKEN STATT REDEN
Wie aber kann jemand, der gern redet, dennoch mit einem „Macher" glücklich werden? Eine Möglichkeit, mit der mangelnden Kommunikation umzugehen, ist, sie sich woanders zu holen. Man erwartet dann nicht länger vom Partner, dass er über seine Gedanken und Gefühle redet, und sucht einen Ausgleich bei Freunden und Bekannten. Eine andere Strategie ist der Versuch, den anderen zu Gesprächen zu ermuntern, das heißt, den Partner ein bisschen zu verändern. Ob das realistisch ist, hängt von der Breite der Kluft ab: Einem Elefanten bringt man nicht das Tanzen bei.

Man kann jedoch auch die Art des anderen einfach akzeptieren, sein Verhalten nicht mehr als Mangel betrachten und daraufhin vielleicht erkennen, dass das Handeln eventuell eine andere Form der Reflexion und sogar der Gefühlsäußerung ist. Letzteres geschieht in der wunderbaren niederländischen Familienserie *Taart* (was so viel heißt wie Torte). Sie handelt von dem Konditor Umut und seinem kleinen Sohn Kadir, die nach dem plötzlichen Verlust der Frau beziehungsweise Mutter versuchen, ihr Leben weiterzuleben. Sie reden wenig über ihren Kummer, und doch spüren sie ihn ständig, er ist allgegenwärtig – in den köstlichen Torten Umuts und den Kinderfantasien Kadirs. Dort sieht sogar ein Redemensch wie ich, dass man nicht immer sprechen muss, um zu kommunizieren. Und dass man nicht immer Probleme analysieren muss, um sie zu verarbeiten.

Laut Vincent Duindam, Sozialwissenschaftler an der Universität Utrecht, besteht der erste Schritt bei Beziehungsproblemen immer darin, zu akzeptieren, was in der Partnerschaft vor sich geht. Das heißt natürlich nicht, dass man sich mit Ärgernissen sang- und klanglos abfinden muss. „Man sollte das Verhalten des Partners zunächst einmal einfach betrachten, wie es ist. Dann lernt man, es besser zu verstehen und sich in den anderen hineinzuversetzen", sagt Duindam. Und laut Psychologin Carola Grutter hilft es, sich immer mal bewusst zu machen, dass Männer und Frauen nun einmal verschieden sind: „Versuche, Verständnis dafür zu zeigen, wie der andere seine Zuneigung äußert."

Vielleicht ist es ja auch wie in dem Entwicklungsroman *Stolz und Vorurteil* von Jane Austen, der illustriert, dass gerade sensible Männer gern schweigen. Mister Darcy (wer kennt ihn nicht) geht davon aus, dass sein Handeln für sich spricht, während Elizabeth, die Frau, in die er heimlich verliebt ist, ihn gerade deswegen nicht versteht. „Warum hast du so getan, als läge dir nichts an mir, vor allem während dieses Besuchs?", fragt Elizabeth in dem Gespräch, in dem die beiden einander endlich ihre Liebe gestehen. „Weil du so ernst und still warst und mich nicht im Mindesten ermutigt hast", antwortet er. „Aber ich war so schüchtern", sagt sie. „Ich auch." – „Du hättest aber doch beim Abendessen etwas mehr mit mir reden können." – „Ein Mann, der weniger fühlte, hätte vielleicht mehr sagen können."

Aus welchem Grund auch immer einer der Partner eher schweigt: Gemeinsam gilt es, eine Art Mittelweg zu finden, wie man sich besser verstehen lernt. Eine Rednerin wie ich müsste sich immer wieder vergegenwärtigen, dass auch Handeln eine Form des Engagements für die Beziehung ist. Zugleich muss der andere, der Macher, auch mir einen Schritt entgegenkommen. Sich darauf einlassen, auch mal über Emotionen zu sprechen, und mich nicht als Jammerlappen abstempeln, weil mir das ein Bedürfnis ist. Schließlich ist beides wichtig: Im Gespräch lässt sich vieles klären, Veränderungen können angeschoben werden – manches muss man aber auch einfach machen. ●

GLANZVOLLES GESCHENKPAPIER

Gemeinsam mit DaWanda haben wir zum Kreativ-Wettbewerb aufgerufen und euch gebeten, festliche Muster zu entwerfen. Täglich erreichten uns liebevoll gezeichnete, gedruckte oder am Computer entworfene Motive. Hier sind unsere acht Favoriten

Mehr als 400 Entwürfe habt ihr uns geschickt, mit allen erdenklichen Mustern. Mit Tieren, Schneeflocken, Bäumen oder geometrischen Figuren, manche ganz verspielt, andere schön grafisch, manche ganz üppig und bunt, andere eher reduziert. Wir sind überwältigt von der Kreativität unserer Leserinnen. Ganz herzlichen Dank an alle, die sich die Zeit genommen haben, an unserem Wettbewerb teilzunehmen!

Die Auswahl der Siegermotive ist uns bei der großen Zahl der Einsendungen wahrlich nicht leichtgefallen. Wir hoffen, dass ihr unsere acht Favoriten genauso mögt wie wir. Und dass unser Geschenkpapier dem ein oder anderen (Weihnachts-)Präsent einen noch festlicheren Glanz verleiht. ●

Wettbewerb

Janna Krupinski ist Grafikerin und hat es sich zur Aufgabe gemacht, dem Alltag mit ihren Illustrationen einen fröhlichen Anstrich zu verpassen.
↖ tabularosi.dawanda.de

Die Fotografin **Stephanie Dillig** lebt in München, liebt altes Kinderspielzeug und die Symbiose von Fotografie und Design.
↖ bilderei-manufaktur.de

Grafikerin **Suse Engel** ist leidenschaftliche Papierliebhaberin, designt von A bis Z und bastelt, wann immer sie eine Schere in die Hand bekommt.
↖ suse.dawanda.de

Die Muster von Grafikdesignerin und Bloggerin **Michaela Müller** entstehen meist auf Basis handgeschnitzter Stempel.
↖ muellerinart.blogspot.de

Christina Zuschke lebt und arbeitet als Grafikdesignerin und Illustratorin in Berlin und hat eine besondere Leidenschaft für Typografie.
↖ christinazuschke.com

Die niederländische Illustratorin **Dorien Volbeda** lebt in Hannover und gestaltet bunte und lustige Papierwaren.
↖ doro-illustrations.dawanda.de

Wenn die Schweizer Diplomgestalterin **Ema Jacober** nicht Websites für andere designt, dann widmet sie sich Illustrationen und Mustern.
↖ webshop-nanny.ch

Kerstin Hartjen ist Grafikdesignerin und liebt es, Dessins für Kissenbezüge zu entwerfen und Holzkunst zu fertigen.
↖ wohnhuebsch.dawanda.de

ILLUSTRATION JANNA KRUPINSKI, STEPHANIE DILLIG, SUSE ENGEL, MICHAELA MÜLLER, CHRISTINA ZUSCHKE, DORIEN VOLBEDA, EMA JACOBER, KERSTIN HARTJEN, SHUTTERSTOCK

Das Schöne sehen zu können verleiht dem Leben Sinn

Zeitgeist

Was ist Schönheit? Diese Frage stellt die Münchner Philosophin und Autorin Rebekka Reinhard in ihrem Buch *Schön! Eine philosophische Gebrauchsanweisung*. Für sie hat Schönheit nur wenig mit Make-up, Körpermaßen oder äußerem Erfolg zu tun. Entscheidend seien dagegen Persönlichkeit, Grazie, Stil und Ausstrahlung.

WARUM HABEN SIE EIN BUCH ÜBER SCHÖNHEIT GESCHRIEBEN?
Ich liebe schöne Dinge, Kunst, Natur, Musik, und ich schreibe am liebsten über Themen, die mich interessieren. Natürlich beschäftigt es mich als Philosophin, dass wir Schönheit heute reflexartig mit körperlicher Schönheit gleichsetzen. Wir verbinden mit Schönheit geschminkte ebenmäßige Gesichter, Heidi Klum, attraktive Models aller Art. Schon in der Antike gab es das Ideal von physiognomischer Harmonie und Symmetrie – aber es galten auch noch ganz andere Maßstäbe. In der griechischen Philosophie gibt es etwa den Begriff der Kalogathia, der eine Einheit des Schönen, Wahren und Guten beschreibt. Diesen ganzheitlichen Blick verstehen wir zwar noch, aber durch das Schönheitsideal, das uns aktuell ständig und überall in den Medien gezeigt wird, ist er uns fremd geworden.

BEDAUERLICH...
Ja, denn ich habe erfahren, wie zentral ein Sinn für Schönheit für das Leben ist. Ich habe jahrelang als philosophische Beraterin in der Psychiatrie der Uniklinik München gearbeitet, mit Patienten philosophiert, die überwiegend unter einer Depression litten. Viele von ihnen haben im Laufe ihrer Erkrankung jedes Gefühl für das Schöne oder Bedeutungsvolle verloren. Aber es gibt auch solche, die eine Blume oder eine Kinderzeichnung betrachten und sich daran freuen. Diese Menschen haben mich gelehrt, dass Schönheit dem Leben Bedeutung geben kann, wenn alle anderen Sinn-Optionen verloren scheinen.

IST SCHÖNHEIT ALSO WICHTIG FÜR EIN GUTES LEBEN?
Ich glaube, sie ist ein essenzieller Bestandteil der Lebenskunst. Schon der Wunsch, attraktiv auszusehen, und die Sehnsucht nach einem guten Leben sind untrennbar verbunden. Wenn man zum Beispiel Wert auf gepflegte Kleidung legt, kann man damit signalisieren: Ich lege Wert darauf, schön zu leben. Aber da ist noch mehr. Die Welt ist unvollkommen, nie so, wie sie sein müsste. Man versteht sie oft nicht, erlebt sie als chaotisch. Sich selbst oder etwas anderes schön zu machen ist ein Weg, das Chaos zu beherrschen, einen „Kosmos", also ein geordnetes Ganzes daraus zu machen. Auch zeigt dieses Schönmachen, dass man dem Lauf der Dinge nicht gleichgültig gegenübersteht. Wer aber glaubt, eine neue Nase oder größere Brüste seien die Eintrittskarte zum schönen Leben, irrt. Leider ist diese Sicht verbreitet. Uns wird suggeriert, körperliche Schönheit sei der Schlüssel zum Glück. Mir geht es darum, uns etwas in Erinnerung zu rufen, das wir eigentlich schon lange wissen, nämlich dass es bei Schönheit nicht nur um Oberflächen und Äußerlichkeiten geht, sondern auch um vieles, was unter der Oberfläche liegt. ➤

„Sich selbst oder etwas anderes schön zu machen ist eine Methode, das Chaos zu beherrschen"

„Im Grunde ist das ganze Leben ein großes Theater, das sollte man sich bewusst machen"

HEUTE GILT ES ALS IDEAL, JUNG UND SCHÖN ZU SEIN. IST ES NICHT VERSTÄNDLICH, DASS WIR WERT AUF UNSER ÄUSSERES LEGEN?
Natürlich, so funktioniert das heute. Doch das ist eben ein sehr eigenartiger und einseitiger Blick, denn so wird Schönheit ständig mit Leistung gleichgesetzt. Wenn wir hart genug an uns arbeiten, nur Salat essen oder die erfolgreichste Frau bzw. der erfolgreichste Mann in unserem Unternehmen werden, glauben wir, dass wir schön sind und das schöne Leben ganz von selbst dazu serviert bekommen. Doch das ist eine Illusion. Wenn wir uns ein schönes Leben schaffen wollen, brauchen wir vor allem Werte – nichtmaterialistische Werte. Wir stressen uns, um erfolgreich zu sein und attraktiv zu wirken, aber alles, was dabei herauskommt, sind Sinnsurrogate. Die moderne Fokussierung auf Äußerlichkeiten wirkt wie eine Droge. Aber wie sehr man auch daran arbeitet, irgendwann verblüht die körperliche Attraktivität. Und egal was man kauft, auch teure Sachen gehen eines Tages kaputt.

WAS IST DENN IHRER MEINUNG NACH ECHTE SCHÖNHEIT?
Sie steckt in der Persönlichkeit. Schönheit bedeutet auch, zu wissen, wer man ist und was man wichtig findet. Eine innere Haltung, durch die man nicht gleich ins Wanken gerät, wenn es Probleme gibt, weil man etwas besitzt, was die klassischen Philosophen „heitere Gelassenheit" nannten. Von den Werten, die man verinnerlicht hat, ausgehend, übt man sich darin, zu tun, was gut und richtig ist. Wie der stoische Philosoph Marc Aurel schrieb: „Man muss aufrecht stehen bleiben, ohne aufrecht gehalten zu werden." Schönheit heißt, auch nach außen zu zeigen, wer man im Inneren ist. Zum Beispiel durch Grazie oder Ausstrahlung. Beide kann man nicht kaufen, man muss sie entwickeln. So kann auch eine Frau von siebzig oder achtzig sehr schön sein. Natürlich hat sie viele Falten, beeindruckt aber durch ihr Charisma oder ihren Stil. Das ist für mich wahre Schönheit. Solange man jung und gesund ist, ist Schönheit gratis, ein Geschenk. Doch wenn man älter wird, kommt es auf etwas anderes an.

UND WIE GEHT DAS, GRAZIÖS UND STILVOLL ZU ALTERN?
Am besten, man hört nie auf, mutig und neugierig zu sein, und versucht, diese Welt ein wenig weiser zu verlassen, als man sie betreten hat. Und man sollte immer versuchen, ein guter Mensch zu sein, gemäß den Werten zu leben, für die man steht. Je älter man wird, desto komplexer wird das Leben – das erleben wir alle. Also gilt es, neue Erfahrungen zu machen, neue Erkenntnisse zu gewinnen, Gutes zu tun, sich von der Welt inspirieren zu lassen, etwas Schönes zu erschaffen. Das kann man als Philosophin, als Mutter, als Officemanagerin. Alles kann man so tun, als wolle man ein Kunstwerk erschaffen. Es ist eine Frage der Haltung. Und das ist es letztendlich, was einen für andere Menschen schön macht.

GIBT SCHÖNHEIT DEM LEBEN DENN AUCH MEHR SINN?
Das habe ich in den Gesprächen in meiner philosophischen Praxis immer

TUE ALLES, WAS DU TUST, ALS WÜRDEST DU EIN KUNSTWERK ERSCHAFFEN

wieder erlebt: Solange jemand einen Sinn für Schönheit hat, so schwach er auch sein mag, vermag er auch Sinn im Leben zu erkennen. Ich zitiere gern den französischen Philosophen Michel de Montaigne, der zeitweise an heftigen Depressionen litt. Er musste schwere Schicksalsschläge verkraften, fünf seiner sechs Kinder sind jung gestorben. Der Tod war das Leitmotiv seines halben Erwachsenenlebens. Trotzdem hatte er Freude am Leben – indem er das Staunen trainierte. Er staunte über alles, über die schönen und die weniger schönen Dinge des Lebens. Wer staunt, kann nicht depressiv sein. Was nicht bedeutet, dass Erfahrungen des Scheiterns und Leidens nicht wichtig wären. Aus philosophischer Sicht muss man sogar dankbar sein für alle Krisen, die man durchmacht, sonst bliebe man immer derselbe und würde sich selbst nie richtig kennenlernen.

TRIFFT DAS AUCH AUF SIE ZU?
Ich glaube schon, deswegen tue ich, was ich tue. Für mich kam die Wende, als ich vor 15 Jahren in meinem nahen Umfeld mit der Krankheit Schizophrenie konfrontiert wurde. Zum ersten Mal dachte ich: Ich kann so nicht weitermachen im Leben. Vorher war ich eine typische Akademikerin; ich schrieb für andere Akademiker und habe mich in meinem Fach stark spezialisiert, mich im universitären Elfenbeinturm eingeschlossen. Die Auseinandersetzung mit der Schizophrenie hat mir die Augen geöffnet und mir die Chance geboten, da herauszukommen. Ich schob die Philosophie erst mal beiseite und beschäftigte mich eine Weile lang ausschließlich mit Psychopathologie. Ich habe ein Praktikum an einer psychiatrischen Uniklinik absolviert und lange ehrenamtlich klinisch gearbeitet. Auf einem großen Umweg bin ich so dorthin gelangt, wo ich jetzt bin.

WIE BEFREIT MAN SICH VOM HEUTIGEN SCHÖNHEITSIDEAL?
Indem man den eigenen Blick weitet. In anderen Ländern und Kulturen gelten oft ganz andere Schönheitsideale. Oder auch in anderen Zeiten. Um nur ein Beispiel zu nennen: Vor zweihundert Jahren galt Blässe als schön. Wer nicht braun gebrannt war, musste nicht auf dem Feld arbeiten, war privilegiert und vornehm. Auch gab es immer wieder Epochen, in denen Leibesfülle als attraktiv galt. Sich mit diesen historischen und kulturellen Unterschieden zu beschäftigen kann helfen, unsere Ideale zu relativieren. Zugegeben, für 16-jährige Mädchen ist es schwer, sich von *Germany's Next Topmodel* und all den Bildern aus der Werbung oder in Zeitschriften zu distanzieren. Deshalb wäre es gut, unseren Kindern von klein auf beizubringen, was wahre Schönheit ist, sodass sie schon als Teenager einen Kern von Werten oder innerem Reichtum in sich tragen, auf den sie zurückgreifen können. Denn es ist eine Illusion, zu meinen, man könne sich vollständig vom Zeitgeist befreien. Es kommt also darauf an, zu wissen, was einem selbst wichtig ist. Auch ein wenig Ironie hilft, den Unsinn des Schönheitskultes zu relativieren. Denn wie Shakespeare schon sagte: „All the world is a stage." Das ganze Leben ist ein großes Theater, das sollte man sich ab und zu vor Augen halten. So nach dem Motto: Lass Verzweiflung und Angst nicht überhandnehmen, nimm alles mit einer Prise Ironie. Auch den Schönheitswahn. ●

WEITERLESEN?
Rebekka Reinhard schreibt philosophische Bücher zu Alltagsthemen. Mehr zum Interviewthema gibt es in: *Schön! Schön sein, schön scheinen, schön leben – eine philosophische Gebrauchsanweisung*. Auch lesenswert: *Kleine Philosophie der Macht (nur für Frauen)*. Beide bei Ludwig erschienen

TEXT SJOUKJE VAN DE KOLK ILLUSTRATION JUDITH VAN DER GIESSEN

Lesen

Die Bücher meines Lebens

In jeder Flow fragen wir Buchmenschen, welche Leseerlebnisse sie in ihrem Leben besonders beeindruckt und berührt haben. Heute stellt uns Katrin Weiland vom Hamburger Literaturhaus ihre immerwährenden Favoriten vor

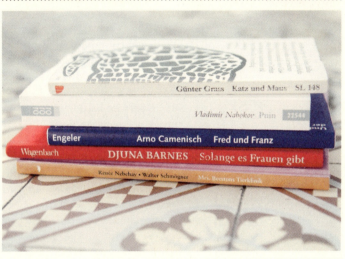

1. Die Figürchen bewachten in Katrins Kindheit ihre Bücher – seit ein paar Jahren stehen sie nun auch bei ihr zu Hause in der Bibliothek
2. Hier schreibt Katrin „Solange es Frauen gibt, wie sollte da etwas vor die Hunde gehen?" auf eine Tafel

Literatur ist ihre große Liebe, sagt Katrin Weiland. Das war nicht immer so. Obwohl die gebürtige Schwäbin sich heute um das Programm des JuLit, des jungen Literaturhauses Hamburg, kümmert, war sie als Kind „eher am praktischen Leben interessiert". Das heißt, sie stromerte mit Freunden durch ihre Siedlung und hielt Lesen bis zur Pubertät für eine „nicht so heiße Option" – als Einzige ihrer fünfköpfigen Familie. Irgendwann im Laufe ihrer Jugend hat sich das geändert, Katrin begann, die Welt der Bücher zu entdecken. Und ihre drei Töchter haben, anders als Katrin früher, eine „große Kinderbibliothek, was schon toll ist". Aber dass Teenies Literatur auch häufig zum Gähnen finden, hat Katrin nicht vergessen und versucht heute, sie spielerisch zu kriegen: Die Lesungen, die sie organisiert, sind unkonventionelle Events, bei denen Nobelpreisträger wie Slampoeten auftreten. Es gibt eben viele lebendige Arten, Literatur zu vermitteln, findet die 47-Jährige.

Katrins fünf Favoriten:

RENÉE NEBEHAY – MRS. BEESTONS TIERKLINIK
„Ich wurde in einem Hochhaus groß, das war interessant, aber nicht unbedingt eine Idylle. Daher erschien mir die Tierklinik von Mrs. Beeston als Inbegriff der Gemütlichkeit. Ich wäre sofort eingezogen! Stundenlang konnte ich vor dem Querschnitt der Villa sitzen und mich dort hineindenken. Ich habe wohl als Kind schon gespürt, dass die Tierklinik für mich eine Art Ideal des Zusammenlebens ist, denn dort wird jeder mit seinen Macken geliebt. Besonders die divenhafte rauchende Katze Chi-Chi hatte es mir angetan. Sie ist mir auf eine Art ans Herz gewachsen, wie es nur Kinderbuchcharaktere schaffen."

GÜNTER GRASS – KATZ UND MAUS
„Obwohl Deutsch mein Lieblingsfach war, las ich als Teenie am liebsten leichte Bücher, die gut ausgingen und mir wenig abverlangten. Das änderte sich, als wir Grass in der Schule behandelten – mein erster Kontakt mit ‚echter' Literatur. Er hat mich nachhaltig beeindruckt, diese derbe und feine poetische Sprache. Auch die Kindheit, die dort beschrieben wurde, ➔

1. In der Buchhandlung Samtleben, die im Literaturhaus ihren Sitz hat, stöbert Katrin gern
2. Ungewöhnlich: Hinter dem knallbunten Cover verbirgt sich eine Sammlung von Klassikern
3. Hier hat Kinderbuchautor Karsten Teich eine Widmung ins Gästebuch geschrieben, er schreibt die Geschichten von *Cowboy Klaus*

war völlig anders als meine: Der junge Pilenz erzählt die Geschichte seines Klassenkameraden Mahlke, einem Einzelgänger, der um Anerkennung buhlt, aber nie dazugehört. Besonders bewegend war für mich, als Grass vor sechs Jahren meiner Einladung ins Literaturhaus gefolgt ist, um vor Jugendlichen zu lesen. Bei einer Onanieszene waren sie erst starr vor Schreck, haben dann aber befreit gelacht. Damit hatten sie einfach überhaupt nicht gerechnet. Wie zugewandt Grass mit ihnen geredet hat, fand nicht nur ich großartig: Nachher wollten sogar die Hip-Hop-Jungs mit ihm für Fotos posieren."

DJUNA BARNES – SOLANGE ES FRAUEN GIBT, WIE SOLLTE DA ETWAS VOR DIE HUNDE GEHEN?

„Mit Anfang 20 hatte ich noch nicht viel von der Welt gesehen, ich studierte im beschaulichen Tübingen, nicht weit von zu Hause, und wusste nicht ansatzweise, wo mein Leben hinführen soll. Dann las ich die Porträts von weltgewandten Frauen wie Coco Chanel oder Kiki vom Montparnasse, die völlig unkonventionell lebten, unbeirrt ihren Weg gingen, sich von niemandem reinquatschen ließen – und war hingerissen. Und es ermutigte mich, zu sehen, wie viele Möglichkeiten es gibt, Frau zu sein. Die Texte von Barnes, einer amerikanischen Bohemienne, habe ich verschlungen, fand sie witzig, sprachlich brillant. Abgesehen davon ist der Titel einer der schönsten, die es überhaupt gibt."

VLADIMIR NABOKOV – PNIN

„Als Kind war ich in Schwaben die Zugezogene. Bei mir zu Hause wurde Hochdeutsch gesprochen, mit einem rheinischen Einschlag, und allein das hat mich damals von den anderen getrennt. Ich hab mir dann ein künstliches Schwäbisch angewöhnt. Vielleicht hat mich deshalb der altmodische russische Collegeprofessor Timofey Pnin aus diesem berühmten Roman so angesprochen. Er lebt in den USA und kollidiert dort ständig mit dem American Way of Life. Dieses Fremdheitsgefühl, mit dem Pnin zu tun hat, ist jedenfalls ein Gefühl, das in meinem Leben auch immer mal auftaucht. Ich habe mich mit Pnin sehr identifiziert. Und das, obwohl er in Gestalt und Biografie ja so ganz anders ist als ich. Aber gerade das liebe ich an Literatur: Dass man dort plötzlich eine Nähe zu Charakteren fühlt, die einem oberflächlich betrachtet vielleicht sogar fremd sind."

ARNO CAMENISCH – FRED UND FRANZ

„Über Freundschaft und was sie zusammenhält, habe ich schon als Mädchen oft nachgedacht. Ich bin mit einem großen Bruder aufgewachsen, der rustikale Freundschaften pflegte. Das extrem Körperliche in deren Clique, sie pinkelten in Flaschen etc., hat mich gleichzeitig angeekelt und fasziniert. Ich fragte mich oft: Was macht deren Freundschaft aus, was meine? Das kürzlich erschienene Buch von Camenisch erinnerte mich wieder an die rüpeligen Freundschaften meines Bruders: Fred und Franz sind Freunde, sie treffen sich und räsonieren über das Leben, die Liebe, ihren Alltag. Dabei streiten sie, erzählen sich Intimes, saufen und verfluchen die Welt, lachen und sind traurig. Das ist lebendig und komisch – und trotzdem große Kunst." ●

ERLEBE INDIEN HAUTNAH!

In außergewöhnlichen Bildern und Texten zeigen die Autoren bedeutende Yoga-Stile und -Schulen in Indien. Interviews mit den Meistern und Lehrern dieser Schulen spiegeln deren Sicht auf Fragen wie: Was ist Yoga? Was ist das Ziel des Yoga? Und: Wie lässt sich dieses Ziel am besten erreichen? Übungsreihen, fotografiert an Originalschauplätzen, vermitteln die Essenz des jeweiligen Stils und holen ein Stück Indien nach Hause.

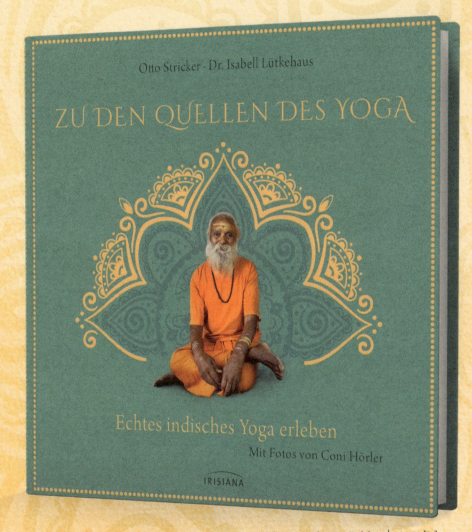

Otto Stricker · Dr. Isabell Lütkehaus

ZU DEN QUELLEN DES YOGA

Echtes indisches Yoga erleben

Mit Fotos von Coni Hörler

IRISIANA

208 Seiten mit über 100 Farbfotos | € 29,99 [D]

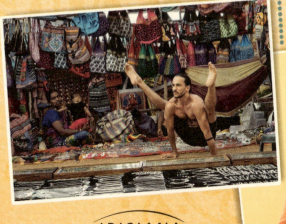
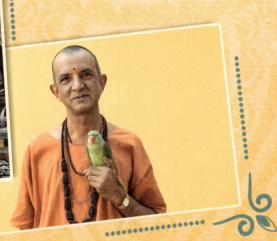

IRISIANA
www.irisiana.de

HÄRTEGRADE

9H 8H 7H 6H | 5H 4H 3H | 2H H F HB B | 2B 3B 4B | 5B 6B 7B 8B 9B
sehr hart | hart | mittel | weich | sehr weich

stiftliebe

Inspiration

Seit gut zwei Jahrhunderten gibt es ihn, und er ist beliebt wie eh und je: der Bleistift. Ob grau oder farbig, angespitzt oder stumpf – man nimmt ihn einfach gern in die Hand. Was ist es bloß, das ihn so unwiderstehlich macht?

Auf den ersten Blick erschließt es sich einem nicht unbedingt, warum ein mit Grafit und Ton gefülltes Holzstäbchen auf der ganzen Welt so sehr geschätzt wird. Hört man jedoch Bleistiftfans erzählen, wird man rasch eines Besseren belehrt. Und Fans gibt es viele, das sieht man an den Internetseiten und Blogs, in denen Liebhaber zahlreiche Bleistiftarten in allen Einzelheiten beschreiben und einander Tipps geben, mit welchem Modell es sich am besten schreiben oder zeichnen lässt. Untrennbar mit dem Bleistift verknüpft sind auch die Fragen, welches Radiergummi am besten radiert und welcher Spitzer am besten spitzt. Oder welches Messer: Der Amerikaner David Rees spitzt seit zwei Jahren von Hand – und zwar für Kunden. Man kann seinen Bleistift zu ihm nach New York schicken und erhält ihn nadelspitz in einer Hülse zurück, Späne inklusive. Rees hat sogar ein Buch darüber geschrieben, in *Die Kunst einen Bleistift zu spitzen* erklärt er sein Handwerk humorvoll und doch auch ernsthaft.

Im Internet findet man zum Thema Bleistift amüsante Filme, in denen Bleistiftspitzen wie Rennwagen an einem vorbeisausen, Kinderhände auf Papier kritzeln – untermalt mit swingendem Krickelkrakelsound – und nicht zuletzt den tollen Clip zu dem Song *Against the Grain* der australischen Folkband Hudson and Troop, in dem Stifte eine perfekte Choreografie tanzen. Der belgische Schriftsteller und Zeichner Bart Moeyaert ist glühender Bleistiftliebhaber und besitzt eine mehr oder weniger zufällig entstandene Sammlung von ca. 600 Stück – darunter ein wundervolles handbemaltes Exemplar der Illustratorin Marit Törnqvist. Moeyaerts Meinung: „Der Bleistift ist eine schöne und freundliche Erfindung. Er lässt mir stets die Wahl: Will ich schreiben oder will ich zeichnen? Tue ich es hart oder weich, geschliffen oder stumpf, sodass man meine Laune erkennen kann? Tue ich es zögernd, mit dem Radiergummi im Anschlag, oder bleibt mein Werk in alle Ewigkeit stehen? Jeden Tag habe ich die Möglichkeit, mich neu zu entscheiden." Und da ist noch etwas, das den Autor fasziniert, nämlich die Tatsache, dass ein durchschnittlicher Bleistift ungefähr eine Strecke von 58 Kilometern Strich schafft.

EIN TREUER BEGLEITER
Was macht den Bleistift noch unwiderstehlich? Vielleicht dass er das Instrument ist, mit dem fast jeder schreiben gelernt hat. Wer erinnert sich nicht an seinen ersten Bleier, mit dem alles begann? Früher gab es sogar noch elektrische Spitzer, festgeschraubt am Schreibtisch der Lehrerin, zu der man seinen Stift brachte und ihn anschließend zum Pult zurücktrug – ganz vorsichtig, denn wenn man einen Bleistift fallen lässt, kann die Mine im Inneren brechen. Und nichts ist so ärgerlich wie eine frisch gespitzte Mine, die sofort wieder abfällt. Darüber hinaus wird der Bleistift ➤

„Mit dem Bleistift drückt man aus: Ich wage es, Fehler zu machen, ich wage zu zweifeln und zu zeigen, dass noch nicht alles feststeht"

allseits gerühmt wegen seiner Einfachheit, seines niedrigen Preises (sogar besondere Vintagemodelle sind erschwinglich) und seines Duftes (Zedernholz mit Grafit, was könnte besser riechen?). Und: Ein Bleistift lässt einen nie im Stich. Er funktioniert selbst bei eisiger Kälte (im Gegensatz zu einem Kugelschreiber), man kann damit auf einem vertikalen Untergrund schreiben (beispielsweise auf einer Mauer beim Heimwerken), er schreibt sogar im Weltraum (was man von einem Kuli nicht behaupten kann, denn durch die Schwerelosigkeit fließt die Tinte nicht nach unten).

Bleistifte eignen sich auch gut als Sammlerobjekte. Auf der ganzen Welt sind sie leicht erhältlich und bezahlbar. Auch schön: Ein Bleistift hat verschiedene Funktionen. Schließlich kann man damit zeichnen, aber auch schreiben. Einige weltberühmte Schriftsteller weigerten sich sogar, mit etwas anderem als dem hölzernen Freund zu schreiben. Roald Dahl? Hatte immer genau sechs gelbe Bleistifte in einem Becher zur Hand – nicht mehr, nicht weniger. Günter Grass? Auf seinem Schreibtisch stand ein Tontopf, in dem 28 angespitzte Exemplare des grünen Modells „Castell 9000" steckten. Lewis Carroll schrieb *Alice im Wunderland* mit einem Bleier. Ernest Hemingway? Behauptete, dass ein Arbeitstag erst gelungen sei, wenn er sieben davon stumpf geschrieben hatte. Vladimir Nabokov? Schrieb alles, was er publizierte, mit Bleistift. In einem Buch mit Tipps für Autoren betont die kanadische Schriftstellerin Margaret Atwood: „Tragen Sie immer einen Bleistift bei sich. Denn er läuft niemals aus. Nehmen Sie im Flugzeug zwei mit. Denn falls es ein Langstreckenflug ist, dürfen sie nichts Scharfes bei sich tragen, um ihn anzuspitzen." Über Thomas Edison – zwar kein Schriftsteller, aber Erfinder – kursiert das Gerücht, dass er ausschließlich mit einem etwa zwölf Zentimeter langen Bleistift schreiben wollte. Es gelang ihm sogar, eine Fabrik dazu zu bewegen, extra für ihn kurze Stifte zu produzieren, die er dann gleich zu Hunderten kaufte.

FÜR ECHTE DRAUFGÄNGER

Der Bleistift ist nicht nur ein praktisches Handwerkszeug, sondern laut dem Belgier Bart Moeyaert etwas für Mutige. Warum? „Als ich Stadtdichter von Antwerpen war, fiel mir auf, dass manche Menschen ihn als ein Schreibgerät für Feiglinge und Zauderer betrachten", antwortet Moeyaert. „Für sie ist er nicht scharf genug, nicht gewagt genug. Ich sehe das genau umgekehrt: Der Bleistift ist kein Handwerkszeug für Feiglinge, sondern für Mutige! Mit ihm drückt man aus: Ich wage es, Fehler zu machen, ich wage zu zweifeln, ich wage zu zeigen, dass noch nicht alles feststeht." Neben dem Bleistift von Marit Törnqvist besitzt er ein weiteres wertvolles Sammlerstück: „Schon seit ich

SCHÖNE FARBEN

Buntstifte haben einen sogenannten Buntkern, der wird hergestellt aus einem Brei verschiedener Grundstoffe, darunter Farbpigmente, Bindemittel, Fette, Wachse, Talkum und Porzellanerde (die wird auch für Keramik benutzt). Je feiner der Farbstoff gemahlen ist, desto schöner ist die Farbe. Bekannte Marken sind unter anderem Caran d'Ache, Koh-I-Noor und Staedtler.

VON HB BIS 4H: WIE WAR DAS NOCH GLEICH?

Auf den meisten Bleistiften steht ein Code, der sich auf die Härte der Mine bezieht, 1889 erfunden von dem Deutschen Friedrich von Hardtmuth. H steht für hart, B steht für weich – wegen der größeren Menge Grafit (= Blei). Die Zahlen geben die Härtegrade an: 9B ist am weichsten, 9H am härtesten. In den meisten Büros sowie in der Schule kommt HB zum Einsatz – genau zwischen weich und hart.

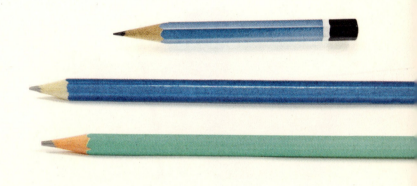

Anfang 20 war, besuche ich regelmäßig die Kinderbuchmesse in Bologna. Dort gibt es einen wundervollen Schreibwarenladen, dessen Besitzer mich irgendwann kannte. Eines Tages sagte er zu mir: ‚Ich habe noch etwas für Sie, das Ihnen wahrscheinlich gefallen wird.' Und er holte ein Etui mit acht Faber-Castell-Bleistiften aus den 50er-Jahren hervor, noch in der Originalverpackung. Das hat mich umgehauen. Fantastisch!"

ALLE FARBEN DES REGENBOGENS
Betritt man ein Fachgeschäft für Büroartikel oder besser noch eines für Künstlerbedarf, wird man von einem Regenbogen an Holzstiften begrüßt. Und das Schöne ist, auf fast jeder Verpackung stehen die stolzen Worte: „Seit 1761" – oder so ungefähr. Denn so lang schon ist dieses Schreibwerkzeug bereits in Gebrauch – seit Jahrhunderten. Erfreulicherweise gab es nie den Ruf nach einer Version 2.0, so perfekt wie der Bleistift bereits ist. Wer nun genau das gute Stück erfunden hat, darüber sind die Meinungen geteilt. Fakt ist, dass Mitte des 16. Jahrhunderts ein schlimmer Sturm über das englische Cumberland raste, bei dem ein dicker Baum umkippte, unter dessen Wurzeln eine kleine Grafitmine lag. Grafit erwies sich als praktisches Schreibmaterial: Schäfer benutzten es, um ihre Schafe damit zu markieren, und auch Holz wurde damit beschrieben. 1761 erfand der Deutsche Kaspar Faber eine wichtige Verbesserung. Durch eine Mischung aus Grafit, Schwefel und Harz gelangen präzisere Linien als mit reinem Grafit. Der Franzose Nicolas-Jacques Conté schließlich wird oft als Erfinder des Bleistifts betrachtet. Er mischte Grafit mit Ton und brannte diese Mischung in einem Kalkofen – 1795 erhielt er für diese Prozedur das französische Patent. Einige Jahre später, 1812, wurde in den USA die erste Bleistiftfabrik gegründet.

Anfang des Jahres verwendete Bart Moeyaert bei einer Lesung den Bleistift ebenfalls, diesmal als Metapher: „Wer mit ihm schreibt, weiß, dass er bereits viel weiß, aber vieles auch noch nicht. Er riskiert es, seine eigenen Aussagen umzuformulieren, und das nicht nur einmal, sondern ständig. Er liebt die Suche nach der geraden Linie, erlebt den Stift als Verlängerung seiner Hand. Er versucht stets aufs Neue, die Wahrheit zu erkennen und wiederzuerkennen. Schließlich können sich die Fakten immer wieder ändern, was neues Licht auf die Sache wirft." Dem ist eigentlich nichts mehr hinzuzufügen. Es lebe der Bleistift! ●

TEXT **CAROLINE BUIJS**

MEHR LESEN?
* Bart Moeyaert, der sich hier so beherzt für den Bleistift einsetzt, hat zahlreiche Bücher für Kinder, Jugendliche und Erwachsene geschrieben. Viele sind auf Deutsch erschienen. bartmoeyaert.com
* David Rees: *Die Kunst einen Bleistift zu spitzen* (Metrolit)

BLEISTIFTE IM INTERNET
* BRANDNAMEPENCILS.COM Hübsch designte Seite des Amerikaners und fanatischen Bleistiftsammlers Bob Truby. Hier findet man alphabetisch aufgelistet 155 Marken, etwa aus El Salvador, Japan, Russland
* PENCILREVOLUTION.COM Liebevoll gestaltetes Blog mit Rezensionen von Kreativ- und Zeichenbüchern; verschiedene Bleistiftmarken werden vorgestellt
* PENCILS.COM/BLOG pencils.com ist ein Shop mit riesiger Auswahl an Bleistiften aller möglichen Hersteller – bis hin zu Spezialanfertigungen nach Kundenwünschen. Auf dem Blog wird jede Woche ein „Pencil Artist of the Week" vorgestellt. Plus: allerlei Fakten rund um den Bleistift
* ARTISANALPENCILSHARPENING.COM Die Website des Mannes, der von Hand Bleistifte spitzt und ein ganzes Buch zum Thema geschrieben hat: David Rees
* BUETTNER-NUERNBERG.DE/BLEISTIFT.HTM Auch dieser Herr weiß alles über Bleistifte, ihre Geschichte und stellt verschiedene Bleistiftfabriken vor
* FREDSPENCILS.WORDPRESS.COM „Fred" aus den USA sammelte 30 Jahre lang Bleistifte und stellte sie dann alle auf einmal in sein Blog, was offenbar für einige Aufregung in der Bleistiftszene sorgte. Hübsche Sammlung von Blau-Rot-Stiften: Buntstifte, die auf der einen Seite eine blaue, auf der anderen eine rote Mine haben

Sofort Bleistifte kaufen? Hier gibt es schöne im Vintagelook in Metallkästchen von Cavallini: zauberhaft-shop.com

Noch zwei Mal schlafen...

Heute Vorfreude zu empfinden ist eine Herausforderung. Wir wollen einen Film sehen? Es gibt ihn digital. Lust auf Erdbeeren? Sind das ganze Jahr im Angebot. Wenn wir doch mal warten müssen, etwa auf den nächsten Urlaub, verderben wir uns die Vorfreude mit stressiger Vorbereitung. Lisette Thooft fragt: Wie können wir sie wieder genießen?

Vorfreude

„Vor Kurzem habe ich eine Woche gewartet, bevor ich mir ein neues Buch gekauft habe", erzählte mir meine Freundin Micky neulich. „Vorher bin ich im Laden mehrmals sehnsüchtig drumherum geschlichen. Sieben Tage lang habe ich die Vorfreude ausgekostet – das war viel schöner, als sofort zuzuschlagen!" Ups, dachte ich. Ich kaufe mir ein Buch, das ich haben will, immer sofort. Anschließend wandert es auf den wachsenden Stapel ungelesener Bücher und schaut mich von dort vorwurfsvoll an. Würde sich daran etwas ändern, wenn ich den Kauf hinausschieben und mich eine Weile lang darauf freuen würde? Wird etwas wertvoller, weil wir darauf warten? Ja, sagen Fachleute. „Das gilt sowohl für Dinge wie auch für Erfahrungen. Instantbefriedigung entwertet sie", sagt der amerikanische Dozent Harold Schweizer, der ein Buch über die Kunst des Wartens verfasst hat. Sich auf etwas zu freuen tut dagegen gut. Das Gehirn produziert das Hormon Dopamin, das fröhlich, aufgeregt, ja glücklich macht. In Untersuchungen konnte sogar nachgewiesen werden, dass Menschen in der Zeit des Wartens auf einen Urlaub glücklicher sind als im Urlaub selbst und auch zufriedener als im Rückblick auf eine gelungene Reise. Hinzu kommt, dass die Vorfreude dabei hilft, über kleine Macken hinwegzusehen. Jedenfalls, solange man keine übertrieben unrealistischen Erwartungen hegt.

EIN KINDLICHER ZAUBER

Weiß noch jemand, wie man sich als Kind kurz vor dem nächsten Geburtstag fühlte? Oder vor Weihnachten? Warum kann ich mich darauf nicht mehr so freuen? Ab und zu passiert es mir noch, dass ich zum Beispiel kurz denke: Oh, wie nett, heute Abend gehen wir essen. Aber meistens ist mein Leben zu hektisch, um an schöne Dinge in der Zukunft zu denken. In der Regel will ich alles sofort. „Ungeduld ist eine Form der Habsucht", sagt Harold Schweizer. „Im Gegenzug ist Geduld womöglich eine andere Form der Großzügigkeit: Man gibt sich selbst Zeit, man gibt etwas von sich." Auch die Sozialpsychologin Susanne Piët plädiert für die Vorfreude. „Wer reich oder einflussreich ist, kann alles sofort bekommen. Aber gerade das löst häufig ein Gefühl der Leere und Enttäuschung aus. Der Millionär Paul Getty berichtete, wie er einmal eine Schachtel Buntstifte zum Geburtstag bekam und dies sein schönstes Geschenk seit Jahren war. Es war nur eine Kleinigkeit, aber sie löste Vorfreude aufs Malen in ihm aus und weckte Erinnerungen an seine Kindheit. Sich auf etwas zu freuen ist ein unschuldiger, naiver Zustand, der Kindern vertraut ist, später aber zu verflachen droht."

Vielleicht habe ich mich gegen diese Art von Freude gepanzert. Kindlicher Zauber, gut und schön. Aber angenommen, das sehnsüchtig erwartete Ereignis erfüllt die Erwartungen nicht? Mein achter Geburtstag etwa war eine Katastrophe. Wir waren gerade erst umgezogen, ich hatte an der neuen Schule noch nicht viele Freundinnen. Meine Mutter hatte deshalb nichts vorbereitet: keine Spiele, Schnitzeljagd, Girlanden und Aufmerksamkeiten. Zwei Mädchen kamen zu Besuch, von denen eines ein kleines Geschenk mitbrachte, ich glaube, ein Stück Seife. Wir aßen Torte. Und das war's. Ich war zutiefst enttäuscht, versuchte aber, das schmerzliche Gefühl sofort zu verdrängen. Ich gab mir selbst die Schuld an meinem Kummer, denn wenn ich mich nicht so auf meinen Geburtstag gefreut hätte („noch drei Nächte schlafen, noch zwei, noch eine…"), hätte mir der Reinfall nicht so wehgetan. Vielleicht habe ich schon damals die Fähigkeit zur Vorfreude verlernt. „Wir werden sehen", sage ich heute gleichgültig, wenn ein besonderer Tag ansteht. „Bestimmt regnet es Bindfäden." Ich lass mich nicht mehr so leicht ködern.

ALLES SOFORT

Und es ist ja auch einfach so: Wir leben in einer Zeit der Instantbefriedigung. Es ist nicht mehr nötig, auf etwas Schönes zu warten – man kann alles sofort bekommen. Selbst auf einen Luxusartikel muss man nicht mehr lange sparen: Wenn man ihn sich nicht erlauben kann, nimmt man einfach einen Kredit auf. Als Kind musste ich mehrere Jahre ➔

Weißt du noch, wie du dich als Kind kurz vor deinem Geburtstag gefühlt hast? Oder kurz vor Weihnachten?

betteln, bevor ich endlich von meinen Eltern eine Gitarre bekam – und fand das normal. Als mein eigener halbwüchsiger Sohn auf die Idee kam, dass er Gitarre spielen lernen wollte, hatte er an einem Nachmittag über die Kleinanzeigen im Internet ein prima Instrument gefunden. Das Verschwinden der Vorfreude liegt nicht zuletzt an der Technik, die uns immer schneller bedient. Auf einen Brief zu warten und sich darauf zu freuen, kommt in Zeiten von E-Mails, SMS, WhatsApp und Chatprogrammen gar nicht mehr infrage. Überall, wo Menschen warten müssen, wie kurz auch immer, zücken sie ihr Smartphone: Ist eine Nachricht gekommen? Aus Untersuchungen geht hervor, dass es immer normaler wird, sogar während des Liebesaktes das Handy zu checken. Sofort zu bekommen, was wir wollen, erstreckt sich bald auf alle Gebiete des Lebens. Vor Jahren traf ich einen Mann, der Wasserhähne für die Küche verkaufte, aus denen kochendes Wasser kommt. Der Verkauf wolle einfach nicht in Gang kommen, beklagte er sich. Ich entgegnete, ich könne das verstehen: Was ist gemütlicher, als darauf zu warten, dass der Flötenkessel pfeift? Doch die Zeiten ändern sich. Inzwischen wird der Kochendwasserhahn für Küchen gern bestellt.

10x VORFREUDE
* Auf ein Glas Glühwein auf dem Weihnachtsmarkt
* Auf einen neuen, leeren Wochenplaner
* Auf das Schmieden von Urlaubsplänen
* Darauf, mal wieder einen Gedichtband zu lesen
* Auf eine Entrümpelungsaktion und den Blick in die leeren Schränke danach
* Auf einen langen Winterspaziergang
* Auf die Antwort auf einen Brief, den man geschrieben hat
* Auf die Abzüge, wenn man statt mit der Digitalkamera mal wieder mit der analogen fotografiert hat
* Aufs Plätzchenbacken mit Freunden
* Auf einen festen Serienabend (den man eingerichtet hat, statt nur zwischendurch mal eine Folge von *Homeland* anzuschauen)

Solche Neuerungen mögen praktisch sein und Zeit sparen, aber vielleicht verlieren wir durch sie eine wichtige Fähigkeit: das Aufschieben der Bedürfnisbefriedigung. Dabei hat das Wartenkönnen viele positive Effekte, sagen Psychologen, wie im Übrigen schon durch die berühmte Marshmallowstudie der Universität Stanford in den 70er-Jahren bewiesen wurde. Kinder erhielten ein Marshmallow, das sie sofort aufessen durften, doch sie konnten auch versuchen, eine Viertelstunde zu warten. Wenn ihnen das gelang, erhielten sie zwei Marshmallows. Weniger als ein Drittel der Kinder brachte die Geduld auf. In einer Folgeuntersuchung zeigte sich, dass diejenigen, die den Genuss aufschieben konnten, Jahre später überall Vorteile hatten: Sie hatten bessere Noten in der Schule, waren geschickter, gesünder und glücklicher.

GLANZ STATT MÜDIGKEIT
„Durch die allgegenwärtige Instantbefriedigung in unserer Gesellschaft geschieht etwas Paradoxes", sagt der Autor Mark Mieras über die Neurobiologie der Sehnsucht. „Da wir so wenig Zeit haben, uns nach etwas zu sehnen, schleicht sich eine Art Ruhelosigkeit in unser Leben ein, durch die wir zugleich die Fähigkeit zum Genuss einbüßen. Wenn alles, was man will, sofort verfügbar ist, kreist man ständig in einer Tretmühle des Unbefriedigtseins, immer auf der Suche nach dem nächsten Produkt, den nächsten neuen Kleidungsstücken, dem nächsten elektronischen Spielzeug – ohne dass die Phase des stillen Genießens und der Zufriedenheit mit dem, was man hat, erreicht wird. Das ermüdet die Menschen." Dabei kann es so viel Spaß machen, den Genuss hinauszuschieben, wie jeder leicht feststellen kann. Was schmeckt besser: eine schnelle Fertigmahlzeit, in fünf Minuten warm gemacht, oder ein selbst gekochtes Menü, das man mit viel Liebe zubereitet hat, bevor man es zusammen mit Gästen verzehrt? Natürlich ist gegen zufällige Begegnungen oder spontane Partys nichts einzuwenden. Aber ein Treffen oder Fest, auf das man hin lebt, legt einen ganz besonderen Glanz über die Tage, die ihm vorausgehen. ●

TEXT LISETTE THOOFT FOTO GETTY IMAGES

Wenn man immer nur tut, was sich gehört, verpasst man den ganzen Spaß.

Katharine Hepburn (1907–2003)

SPOIL YOURSELF

Zeit für eine kleine Verwöhnpause

Es werde Licht

Lena Dieter und Freya Tegtmeyer kennen sich schon aus der Schule. Bereits damals hatten sie den Traum von der eigenen Manufaktur für handgemachte Kostbarkeiten. Kurz nach Abschluss ihres Designstudiums haben sie ihn dann wahr gemacht. In Weinheim gestalten die beiden zauberhafte Papierlampen, die sie in mühevoller Handarbeit selber falten. Etwas, in dem so viel Herzblut steckt, braucht natürlich auch einen Namen. „Glocke", „Akkordeon" und „Linse" heißen deshalb die Lichtkunstwerke, die man über Lenas und Freyas Label nachtfalter.land beziehen kann. Ab 139 Euro

Tischlein, deck dich

Ist das nett: Für das Märchenkochbuch *Heute koch ich, morgen brat ich* (Hölker Verlag, 29,95 Euro) hat Autor Stevan Paul Rezepte wie den Räubereintopf oder Prinzenröllchen kreiert. Die Einteilung der Kapitel ist genial: Aschenputtel steht für einfache Küche, bei Dornröschen dürfen Gäste kommen, Rotkäppchen hat Kleinigkeiten für unterwegs dabei und Hänsel und Gretel, nun ja, locken mit Ofengerichten. Lecker – und so hübsch, die Fotos im Buch sind nämlich auch bezaubernd. Fehlt nur noch der goldene Topf, in dem sich alle Gerichte selbst kochen.

In Szene gesetzt

Gemälde nicht nur anschauen, sondern Teil davon werden kann man über VanGoYourself.com. Die Website lädt dazu ein, Klassiker nachzustellen und ein Foto davon hochzuladen, es wird dann neben dem Original gezeigt. In die Suchmaske kann man die Epoche, Personenzahl, ja sogar Stimmung eingeben, die man gern kopieren will. Was für ein Spaß.

Wie das duftet

In dieser Jahreszeit zündet man ja gern mal wieder eine Kerze an. Besonders wenn sie so lecker nach Vanille und Tee duftet wie diese hier. „Island Vanilla Deluxe" von Pacifica ist aus Sojawachs gefertigt und mit natürlichen Ölen versetzt. Und dazu noch so hübsch verpackt! 29 Euro, über derkleinebazar.de

Buchstabenliebe
Verena Prechsl (27), Onlineredakteurin, stöbert gern in Blogs und teilt hübsch typografierte Sprüche. Und irgendwann dachte sie: Das will ich auch! Ihre aktuelle Lieblingstechnik ist das Brushlettering

Was ist das Besondere am Brushlettering? Dabei malt man die Worte mit Wasserfarben. Mit denen kann man wunderbar spielen, die Farben laufen so schön ineinander. Inzwischen packe ich fast täglich die Pinsel aus.
Wie hast du es gelernt? Ich habe keine tolle Handschrift, deshalb habe ich zunächst versucht, einfach mal schön zu schreiben. Große Buchstaben, kleine, mit verschiedenen Stiften und später auch Pinseln. Ich liebe es, in Schreibwarenläden zu stöbern: Ich will dort am liebsten alles testen und haben.
Wo findest du deine Zitate? Ich lasse mich von meiner Umwelt inspirieren. Etwa von Graffitis auf der Straße oder Sätzen, die in den sozialen Netzwerken kursieren. Manchmal schicken mir auch Freunde einfach etwas zu.
Dein Lieblingsspruch? „Karma is my hero" mag ich sehr. Denn ich glaube ans Karma und dass alles, was man tut, zu einem zurückkommt.
Verenas Blog mit Tutorials zum Thema Brushlettering: brushmeetspaper.com

Wie man sich bettet
…so schläft man. Und darum gehen wir jetzt bei ZigZagZurich ganz besonders schöne Bettwäsche shoppen. Die Schweizer Firma arbeitet mit jungen Künstlern und Designern aus aller Welt zusammen. Heraus kommen verspielte, bunte oder grafisch strenge Bettgefährten. Alles ist handgefertigt, vom Zuschnitt der Stoffe bis zum Einnähen der Reißverschlüsse. Kissenbezug ab 22,98 Euro, zigzagzurich.com

Happy Hour
Den Cocktail direkt ins Haus liefert das Drink-Syndikat aus Berlin. Die erlesenen Spirituosen samt weiterer Zutaten kommen in schicken Boxen, mit dabei sind Anleitungen zum Mixen je eines Klassikers und eines modernen Drinks. Jeden Monat gibt's eine neue Zusammenstellung, eine Box reicht für sechs volle Gläser. Einmalkauf: 40 Euro, im Abo 34,90 Euro. drink-syndikat.de

Lesefutter
„Wir reden über Literatur" lautet das Motto der Macher von fixpoetry.com. Fast 400 Autoren präsentieren hier kurze Texte und Gedichte, viele von ihnen kunstvoll illustriert. Dazu gibt es Buchbesprechungen, Autoreninterviews und Literaturrätsel. Gerade unbekanntere Namen kann man hier entdecken, aber auch die Schwergewichte sind vertreten. Toll zum Stöbern.

WEB SHOPPEN

Egal wo man lebt – die schönsten Dinge sind oft nur einen Klick entfernt

EMILUNDPAULA.DE

Viergeteilte Lunchbox aus Melamin von Rice

✱ 54,50 Euro

Lunch to go

ASOS.DE
Thermobecher von Ban.Do ✱ 21,99 Euro

DE.AMARA.COM
Lunchbox von Happy Jackson ✱ 12 Euro

STILBEGEISTERT.COM
Thermopot von Black+Blum ✱ 36 Euro

KOCHFORM.DE
Pocketbesteck von Monbento ✱ 12,90 Euro

ANORAKONLINE.CO.UK
Kühltasche „Kissing Rabbits" ✱ ca. 53 Euro

NOSTALGIEIMKINDERZIMMER.DE
Brotzeitbox aus Bambus von Zuperzozial
✱ 19,90 Euro

CONNOX.DE
Wasserflasche von Stelton
✱ 19,95 Euro

MONBENTO.DE
Bentobox „MB Original" ✱ 28,90 Euro

NOSTALGIEIMKINDERZIMMER.DE
Retro-Thermoskanne „Daisy" ✱ 19,95 Euro

COCO-KINDERLADEN.DE
Brotdose „Retro-Fahrrad" ✱ 5,90 Euro

SCANDINAVIANDESIGNCENTER.DE
Trinkflasche mit Früchteeinsatz
von Sagaform ✱ 11 Euro

GRUENSPAR.DE
Wiederverwendbare Brottasche „Eat 'n' Out"
✱ 19,90 Euro

Frohe Weihnachten

CAR-MOEBEL.DE
Weihnachtsdeko von House Doctor
✻ 18,90 Euro

NOSTALGIEIMKINDERZIMMER.DE
Stoffband „Reindeer" von Green Gate, 5 m
✻ 7,90 Euro

MINIMARKT.COM
A4-Lightbox mit 85 Plastikkärtchen
✻ 39 Euro

GUTEGABEN.DAWANDA.DE
Kerzenständer „Advent" ✻ 24,90 Euro

COOLINARIUM.DE
Zettelhalter „Robin" ✻ 12,50 Euro

HUMANEMPIRESHOP.COM
Becher „Sophia Rabbit" aus Melamin
von Bloomingville ✻ 9,95 Euro

NOGALLERY.DAWANDA.DE
3-D-Typo aus MDF ✻ 14,50 Euro

SCHOENER-WAERS.DE
Weihnachtskarten, 6er-Set ✻ 6,50 Euro

DONKEY-PRODUCTS.COM
Keksausstecher „Cookie-Tape" ✻ 9,95 Euro

IMPRESSIONEN.DE
Hoptimist „Thunder Bumble" ✻ 29,95 Euro

DAS-TROPENHAUS.DE
Textilanhänger von Ferm Living ✻ 15 Euro

JUNIQE.DE
Kissenbezug „Jingle Baby",
50 x 50 cm ✻ 28 Euro

GESCHENKEFUERFREUNDE.DE
Zuckerstangen von Greta Gold ✱ je 0,60 Euro

GELIEBTES-ZUHAUSE.DE
Weihnachtskugel von Räder ✱ 7,90 Euro

SELEKKT.COM
Papierhirsch-Bastelkit von PaperShape
✱ 24,90 Euro

SHOP.ARCHIEGRAND.COM
Notizbuch *Santa Clauses I Met and Liked*
✱ 12,45 Euro

GESCHENKEFUERFREUNDE.DE
Badesalz „Weihnachtsstress" ✱ 9,95 Euro

EMILUNDPAULA.DE
Becher „Noel" von Bloomingville ✱ 39,90 Euro

JUNIQE.DE
Sweatshirt „Team Santa" ✱ 39 Euro

PAPPSALON.COM
36 rote Herzaufkleber ✱ 4,50 Euro

SCHOENER-WAERS.DE
Korkstempelset „Eine Tüte Schneegestöber",
5 Motive ✱ 12,50 Euro

NOSTALGIEIMKINDERZIMMER.DE
Bettbezug „Reh" von by nord ✱ 79,95 Euro

NENNMANN.COM
Puristische Krippe aus Buchenholz ✱ 28 Euro

ROYALDESIGN.DE
Weihnachtstablett von Sagaform,
33 cm ø ✱ 14 Euro

Hurra, 2016!

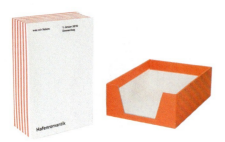

TYPOGRAFIE.DE
Kalender „Was wir lieben" ✱ 16,80 Euro

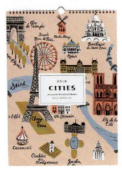

RIFLEPAPERCO.COM
Wandkalender mit Stadtillustrationen
✱ ca. 23 Euro

PLEASEDTOMEET.DE
Posterkalender ✱ 19 Euro

INALUXE.COM
Wandkalender mit Illustrationen von Inaluxe
✱ ca. 22 Euro

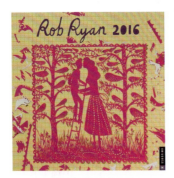

SHOP.ROBRYANSTUDIO.COM
Wandkalender mit Scherenschnitten
von Rob Ryan ✱ ca. 15 Euro

STORIES-HAMBURG.DE
Polaroid-Kalender ✱ 29,80 Euro

BUCH.DE
Typografie-Abreißkalender ✱ 19,80 Euro

PAPPSALON.COM
Maskingtape-Kalender ✱ 24,95 Euro

ABOSHOP.SCHOENER-WOHNEN.DE
Flow-Abreißkalender mit
366 Glücksmomenten ✱ 14,95 Euro

THALIA.DE
Kalender mit Rezepten und Illustrationen
von Larissa Bertonasco ✱ 16,99 Euro

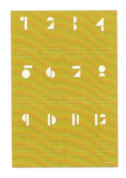

SNUGONLINE.BIGCARTEL.COM
Wandkalender „Snug.Toyblocks"
✱ 18,90 Euro

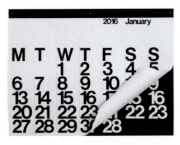

SHOP-RIKIKI.DE
Designklassiker „Stendig Calendar"
✱ 69 Euro

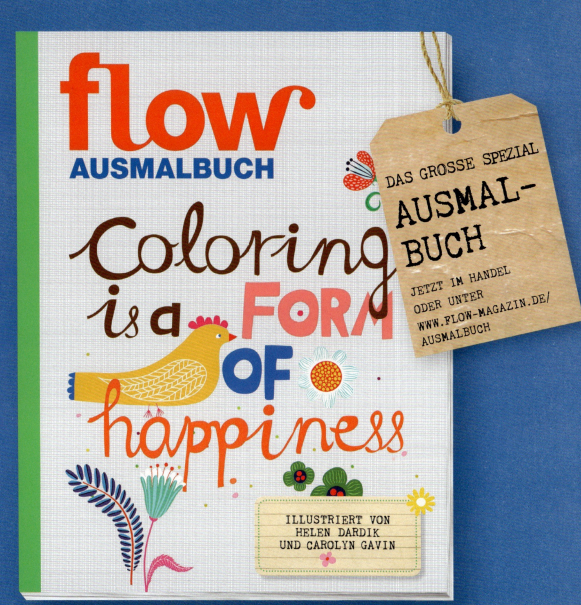

GIB DEINEM LEBEN MEHR FLOW

DAS FLOW-ABO IST DA!
Flow ist voll mit kreativen Ideen, spannenden Denkanstößen und
positiven Inspirationen, die den Alltag ein bisschen schöner machen.
Dazu kleine Papiergeschenke zum Herausnehmen, liebevolle Illustrationen
und viele Selbstmachtipps.

DARUM FLOW IM ABO:
* Weil du keine Ausgabe mehr verpasst.
* Weil du alle Überraschungen doppelt im Heft findest.
* Weil du garantiert kein Porto zahlst – auch
nicht für Bestellungen aus dem deutschen Flow-Shop.
* Weil du jederzeit flexibel kündigen kannst.

Mein Leben ist im **flow**.

JETZT BESTELLEN

2x

WAS DIR FLOW ZUM ABO SCHENKT:

Exklusiv für Abonnenten gibt es die kreativen Beilagen in Flow nicht nur einmal, sondern zweimal! Und zwar Ausgabe für Ausgabe.

DEIN LEBEN IST BEREIT FÜR FLOW? Dann bestell dein Abo (pro Ausgabe zum Preis von 6,95 Euro) auf www.flow-magazin.de/abo. Oder ruf an: 040/55 55 78 00. (Bitte gib bei einer telefonischen Bestellung die Bestell-Nr. 1271205 an.) Und schon landet Flow ab der nächsten Ausgabe immer pünktlich in deinem Briefkasten.

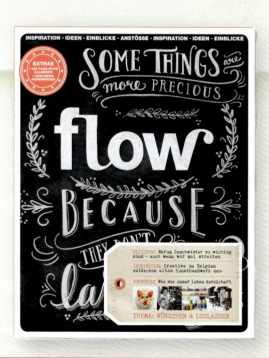

Flow erscheint in der „G+J Living & Food GmbH", Soheil Dastyari, Am Baumwall 11, 20459 Hamburg, Handelsregister: AG Hamburg, HRB 75612. Vertrieb: Belieferung, Betreuung und Inkasso erfolgen durch DPV Deutscher Pressevertrieb GmbH, Nils Oberschelp (Vorsitz), Heino Dührkop, Dr. Michael Rathje, Düsternstraße 1, 20355 Hamburg, als leistender Unternehmer. AG Hamburg, HRB 95752. Auslandsangebote auf Anfrage.

Pablo Picasso schützt seine Muse Françoise Gilot, die zehn Jahre die Frau an seiner Seite war, vor der Sonne. Im Hintergrund Picassos Neffe Javier Vilato

Magische Orte

Brigitte Bardot

Das paradiesische Leben an der
FRANZÖSISCHEN KÜSTE

Côte d'Artistes, so nannte man die Côte d'Azur in den 50er- und 60er-Jahren. Damals zog es viele Künstler, Filmstars, Schriftsteller und Bohemiens dorthin. Sie kamen zum Arbeiten – aber auch, um sich und das Leben zu feiern. Ein Rückblick

Saint-Tropez. Der Name dieses berühmten Badeortes ruft sofort polaroidartige Bilder von schönen Menschen hervor, die in karierten Badehosen und fröhlich gestreiften Bikinis am Strand tanzen. Musik aus Transistorradios weht herüber: schwüle Chansons, heißer Jazz und aufpeitschender Yé-Yé, wie der Rock 'n' Roll hier genannt wurde. Es muss herrlich gewesen sein, in den 50er- und 60er-Jahren sein Handtuch am paradiesischen Plage de Pampelonne auszubreiten. Dort brodelte das Leben, dort traf sich ein bunt gemischtes Völkchen, um Urlaub zu machen und zu feiern. Filmstars wie Brigitte Bardot, Romy Schneider und Jeanne Moreau brausten mit flatterndem Kopftuch auf Wasserskiern vorbei, und am Steuer der Motorboote standen Alain Delon oder Sean Connery.

MAN NANNTE SIE „DIE WILDEN"

Es war purer Zufall, dass sich das Fischerdorf Saint-Tropez zum prickelnden Zentrum des Jetsets entwickelte. Jahrhundertelang hatte es vor sich hin geschlummert, charmant, aber eben ohne das Flair mondäner Badeorte wie Nizza und Cannes, die mit ihren eleganten Boulevards direkt am Strand lagen. Es bedurfte der Augen eines Künstlers, um die Schönheit von Saint-Tropez zu erkennen. Der Maler Paul Signac (1863–1935) war der Erste, der sich Anfang des vergangenen Jahrhunderts von diesem idyllischen Fleckchen bezaubern ließ. Er kaufte ein Haus dort und ein Boot und lud befreundete Künstler zu sich ein. Signac liebte das blaue Wasser und das unvergleichlich schöne Licht an der Côte d'Azur und malte wundervolle bunte Hafenansichten im Stil des Pointillismus, die Saint-Tropez wie ein Traumbild erscheinen ließen. Obwohl es dazu keiner künstlerischen Überhöhung bedurfte: Die pastellfarbenen Häuser, das azurblaue Meer und der Duft von Pinien, Maulbeeren und Lavendel waren einfach berauschend. Über Signac kamen junge Maler wie Henri Matisse und Kees van Dongen in die Stadt, die „les fauves" (die Wilden) genannt wurden. Van Dongen machte diesem Beinamen alle Ehre – er war ein echter Partylöwe. Mit seinen Kunden aus der Welt der Schönen und Reichen feierte er nicht nur in seinem Pariser Atelier bis tief in die Nacht, sondern auch regelmäßig in Cannes und Saint-Tropez. Das war in den Zwanzigern, als sich die Schriftstellerin Colette in Saint-Tropez niederließ, Coco Chanel, Elsa Schiaparelli und die ganze Modewelt dort nach Ruhe und Inspiration suchten. Eine Atmosphäre, in der sich van Dongen zu Hause fühlte.

ECHTE CHAGALLS IM MITTELMEER

Später zogen die lebenslustigen Künstler weiter bis nach Saint-Paul de Vence, ein atemberaubend schönes kleines Dorf auf einem Berggipfel. Dort trafen sie sich in dem Lokal La Colombe d'Or, denn der Wirt war ein echter Kunstliebhaber und sorgte gern dafür, dass seine Gäste sich bei ihm wohlfühlten. Wenn sie die Rechnung nicht bezahlen konnten, brauchten sie nicht etwa Geschirr zu spülen, sondern hinterließen einfach ein kleines Kunstwerk. Die Sammlung, die dort noch immer hängt, ist inzwischen ein Vermögen wert: Picasso, Matisse, Chagall... Das alte Gästebuch des Colombe ist ein Kunstwerk an sich, voller Texte und Zeichnungen der vielen illustren Gäste.

Auch im Meer landete das ein oder andere Kunstwerk. So erzählte Chagalls Sohn David McNeil über die Sommer in Saint-Paul de Vence, dass sein Vater und er Kiesel am Strand bemalten und aus ihnen Vögel, Fische und Meerjungfrauen machten. Anschließend warfen sie die Steine ins Wasser. Echte Chagalls im Mittelmeer! Tatsächlich war es in erster Linie die Arbeit und nicht das Vergnügen, weshalb es die Maler an die Côte d'Azur zog. Aber wer wäre dort nicht gern Künstler? Tagsüber mit einer Staffelei am Meer stehen, abends dann tanzen und bis in die Nacht mit befreundeten Freigeistern feiern. Kees van Dongen, der 1968 starb, verbrachte die letzten Jahre seines Lebens an der Riviera. Brigitte Bardot war damals eine seiner Musen, und er malte einige unwiderstehliche Porträts von ihr. Die Bardot war es dann auch, die Saint-Tropez erst so richtig zum Leben erweckte.

Der Bürgermeister wollte die Ehre des Dorfes retten und ließ Topless-Kontrollen per Helikopter durchführen

Kleine Boote im Hafen von Nizza um 1965

Brigitte Bardot

Jane Birkin und Serge Gainsbourg

Jaques Chazot, Françoise Sagan (vorn) und Juliette Gréco

Catherine Deneuve und Roger Vadim

Juliette Gréco

Sophia Loren

Coco Chanel und Herzog Laurino

Blick auf Menton

Romy Schneider und Alain Delon 1968 in Cannes während der Dreharbeiten zum erotischen Thriller *Der Swimmingpool*. Ein paar Jahre zuvor waren die beiden im wirklichen Leben Europas berühmtestes Liebespaar gewesen

Saint-Tropez-Mixtape

* Adamo – Les Filles du Bord de Mer
* Anna Karina – Sous le Soleil Exactement
* Annie Markan – Ce N'Est Que de L'Eau
* Barbara – Ce Matin-Là
* Brigitte Bardot – C'Est une Bossa Nova
* Brigitte Bardot – La Madrague
* Brigitte Fontaine – Brigitte
* Dalida & Alain Delon – Paroles
* David McNeil – Chanson pour Lady Jane
* France Gall – Jazz à Gogo
* Françoise Hardy – Comment Te Dire Adieu
* Jacqueline Taïeb – 7 Heures du Matin
* Jacques Dutronc – J'Aime les Filles
* Jane Birkin – Ex Fan des Sixties
* Jenny Rock – Douliou Douliou Saint-Tropez
* Johnny Hallyday – Souvenirs, Souvenirs
* Juliette Gréco – Il Ne Faudrait Pas Que…
* Les Chats Sauvages – Twist à Saint-Tropez

Am Pariser Konservatorium wird Brigitte Bardot zur klassischen Balletttänzerin gedrillt. Doch so weit kommt es nicht, denn mit 15 ermuntert sie ihre streng katholische Mutter, Fotomodell zu werden. Dadurch erregt sie die Aufmerksamkeit von Regisseur Roger Vadim

So wie sich die Welt mit einem Schlag in Brigitte Bardot verliebte, verliebte diese sich in Saint-Tropez

Gestreifte Sonnenschirme färben den Strand und den Kai rot-weiß

Catherine Deneuve bei den Dreharbeiten zum Film *Herzklopfen* nach einer Vorlage von Françoise Sagan

18 Jahre alt war Brigitte Bardot, als sie 1952 den Regisseur Roger Vadim heiratete. Sie inspirierte ihn zu seinem ersten Film, *Und immer lockt das Weib,* über zwei Brüder, die um ein Mädchen kämpfen. Drehort war der wunderschöne, bisher unentdeckte kleine Strand Plage de Tahiti, etwa fünf Kilometer außerhalb von Saint-Tropez. Als der Film 1956 herauskam, wurde die Bardot mit einem Schlag weltberühmt – und mit ihr das kleine Fischerdorf. Und so wie sich die ganze Welt in die Bardot verliebte, verliebte diese sich in Saint-Tropez. Sie kaufte an der Baie des Canebiers ein Haus, dass sie La Madrague (die Reuse) taufte. „Ein Haus mit den Füßen im Meer", wie sie selbst sagte. In den darauffolgenden Jahren konnte man mit ein bisschen Glück BB und ihre bunte Gesellschaft um ein Lagerfeuer an ihrem Privatstrand tanzen sehen, einen bunten Schal um die Hüften geschlungen, während Johnny Hallyday mit seiner Gitarre mitreißende Hits wie *Souvenirs, Souvenirs* sang.

DER „OH, LÀ, LÀ"-MYTHOS

Dass Saint-Tropez die Fantasie aller, die *Und ewig lockt das Weib* sahen, so sehr ansprach, lag nicht zuletzt daran, dass die Bardot bereits in der Anfangsszene des Films nackt in der Sonne lag. Ganz unschuldig zwar, aber damit war der „Oh, là, là"-Mythos von Saint-Tropez geboren. Die im Film gezeigte Freiheit und Lässigkeit wurde Realität, als der Modedesigner Rudi Gernreich 1962 den Obenohne-Badeanzug entwarf, den er Monokini nannte. Damit löste er einen Skandal aus, in den sich sogar der Vatikan einmischte, doch am Plage de Tahiti war der Monokini ein sofortiger Erfolg. Man musste nur aufpassen, dass die Gendarmen einen nicht erwischten, denn der Bürgermeister setzte alles daran, die Ehre von Saint-Tropez zu retten. Er ließ sogar Topless-Kontrollen per Helikopter durchführen. Doch letztendlich verlor der Bürgermeister den Kampf, und es wurde noch ein bisschen wilder, als 1966 das La Voile Rouge eröffnete, die erste Strandbar, die Gästen auch in Obenohne-Bekleidung Eintritt gewährte.

Ein echtes Partyanimal in diesen Jahren war Eddie Barclay, der als Manager erfolgreicher Musiker wie Juliette Gréco und Jacques Brel reich und berühmt geworden war. Auf Empfehlung Brigitte Bardots kaufte sich Barclay ein Grundstück in Saint-Tropez und war dort wegen seiner rauschenden Feste bald eine Institution. Barclay fuhr stets in Weiß gekleidet und im weißen Rolls-Royce an der Côte d'Azur vor, auch auf seinen Partys trugen alle Weiß.

Ein angehender Star, dem man in Saint-Tropez begegnen konnte, war Elton John. Damals trat er noch unter seinem richtigen Namen auf: Reg Dwight. Es hätte nicht viel gefehlt, und das Phänomen Elton John hätte es nie gegeben. Denn während einer seiner Auftritte im Papagayo Club erhielt er von seiner eigenen schäbigen Vox-Orgel einen so heftigen elektrischen Schlag, dass der Notarzt ihn gerade noch wiederbeleben konnte. Ebenfalls ein Stammgast, der auch damals schon Superstarstatus hatte, war Mick Jagger. Mehr noch: Im berühmten Hotel Byblos machte er seiner Geliebten, Bianca, einen Heiratsantrag, 1971 heirateten die beiden in dem angesagten Badeort. Cannes und Monte Carlo, das war etwas für die aufgedonnerten, snobistischen Reichen und Industriellen.

DIE MAGIE IST GEBLIEBEN

Saint-Tropez ist noch immer Liebling des internationalen Jetsets, aber es ist klein und charmant geblieben. Es gibt keinen Flughafen, keinen Bahnhof und auch keinen Autobahnanschluss. Dadurch bleibt das Städtchen überschaubar, obwohl es im Sommer extrem überlaufen ist. Außerhalb der Saison aber wirkt Saint-Tropez wie ausgestorben und ähnelt immer noch dem Dorf von früher. Dann spielen die alten Fischer wieder Pétanque auf dem Place des Lices, und es ist die beste Zeit für einen Besuch. Ja, doch, ein wenig von der einstigen Magie ist noch zu spüren – und das wird ganz gewiss auch noch so lange so bleiben, wie die Bardot in ihrem Strandhaus La Madrague wohnt. ●

Olia Hercules

Fleischsuppe mit Graupen und sauren Gurken

Moldawische Kürbisfladen

Ukrainische Piroggen mit
Ei-Frühlingszwiebel-Füllung

Essen wie bei
MAMUSCHKA

Als Kind lief Olia Hercules in ihrer ukrainischen Heimat barfuß durch die Erbsenfelder, die Hände vom Maulbeersaft violett gefärbt, Gemüse und Salat kamen vom Garten direkt auf den Tisch. Das kulinarische Erbe ihrer Familie hat sie nun in einem Kochbuch festgehalten

Georgischer Kidneybohnensalat

Georgischer Kidneybohnensalat

ZUTATEN FÜR 2 PORTIONEN:

1/4 Tl Bockshornkleesamen * 1 Tl Koriandersamen
1 Tl Fenchelsamen * Meersalzflocken * 3 El Sonnenblumenöl * 1 kleine Zwiebel, in feine Streifen geschnitten * 1 Dose Kidneybohnen (400 g), abgespült und abgetropft * 1 Tl Sherryessig * 1/2 Tl brauner Zucker * 1/2 Bund Koriandergrün, gehackt * 2 Stängel Petersilie, gehackt * 2 Stängel Dill, gehackt frisch gemahlener schwarzer Pfeffer

Eine kleine Pfanne erhitzen. Bockshornklee-, Koriander- und Fenchelsamen hineingeben und rösten, bis sie aromatisch duften. Anschließend im Mörser mit 1 Prise Meersalz zerstoßen.

In einer Pfanne 2 El des Sonnenblumenöls erhitzen und die Zwiebelstreifen bei mittlerer Temperatur 10–15 Minuten anschwitzen, bis sie honiggelb sind und süßlich duften, dabei ab und zu umrühren. Die Bohnen zugeben und erwärmen. In einer Schüssel den restlichen Esslöffel Sonnenblumenöl mit dem Essig, dem Zucker, den zerstoßenen Gewürzen, sämtlichen Kräutern sowie Salz und Pfeffer verrühren.

Das Dressing unter die Bohnen rühren und servieren. Der Salat schmeckt warm oder kalt gleichermaßen gut.

Fleischsuppe mit Graupen und sauren Gurken

ZUTATEN FÜR 4 PORTIONEN:

500 g Schweinerippchen oder Rinderquerrippe
1 Zwiebel, geschält * 1 Lorbeerblatt * 5 schwarze Pfefferkörner * 5 Pimentkörner * 100 g Perlgraupen oder Reis * 1 Zwiebel, gewürfelt * 2 El Sonnenblumenöl * 20 g Petersilienwurzel, geschält und fein gehackt * 1 Möhre, geschält und geraspelt
100 g saure Gurken, geschält und gerieben
200 ml Gurkenwasser aus dem Glas * 2 Frühlingszwiebeln, fein gehackt, zum Servieren

Für die Brühe die Rippchen zerlegen und in einem großen Topf mit 2 1/2 l kaltem Wasser bedecken. Die ganze Zwiebel, Lorbeerblatt, Pfefferkörner und Piment zugeben und alles zum Kochen bringen. Sobald das Wasser aufwallt, die Temperatur herunterstellen und den Schaum von der Oberfläche abschöpfen. Die Brühe einige Stunden köcheln lassen. In der Zeit kannst du deine Lieblingsserie im Fernsehen schauen und die Gurkenreste naschen.

Wenn das Fleisch so zart ist, dass es förmlich vom Knochen fällt, die Perlgraupen oder den Reis in die Brühe geben und 15 Minuten garen, sodass Graupen oder Reis noch etwas Biss haben. Inzwischen die gewürfelte Zwiebel in einer Pfanne in dem Sonnenblumenöl 5 Minuten bei mittlerer Hitze anschwitzen. Petersilienwurzel und Möhre zugeben und alles bei schwacher bis mäßiger Hitze weitere 15 Minuten garen, bis das Gemüse weich ist und zu karamellisieren beginnt; regelmäßig umrühren. Unter die Brühe mengen.

Gurken zugeben. Die Brühe kosten und zunächst nur 100 ml Gurkenwasser zugießen. Erneut probieren und mehr Gurkenwasser dazugeben, falls noch Salz fehlt. Die Suppe sollte würzig und zugleich salzig, süß und sauer schmecken. Nach Belieben das Fleisch von den Knochen lösen. Zuletzt die Frühlingszwiebeln in die Suppe geben. Mit einem Stück Brot servieren.

Moldawische Kürbisfladen

ZUTATEN FÜR 4 STÜCK:

FÜR DEN KEFIRTEIG: 125 g Kefir * 1/4 El Sonnenblumenöl * 1/4 El Weißweinessig * 1/4 El Zucker
1/4 El feines Meersalz * 175 g Mehl plus Mehl zum Bestäuben * knapp 1/2 Tl Backnatron

VOM KOCHEN UND STARKEN FRAUEN

Osteuropäische Küche, das bedeutet nicht nur Fleisch und Eintöpfe, sondern auch erfrischende Suppen und fruchtige Nachspeisen. Die gebürtige Ukrainerin Olia Hercules versammelt in ihrem Buch Mamuschka. Osteuropa kulinarisch neu entdecken (Dorling Kindersley, 24,95 Euro) die Rezepte ihrer Familie – und zu jedem Gericht eine wunderbare Anekdote oder Kindheitserinnerung. Mehr über Olia auf ihrer Website: oliahercules.com

---

FÜR DIE FLADEN: 500 g Kürbis, z.B. Butternusskürbis, geschält, von den Samen befreit und grob geraspelt 250 g Zucker * Mehl zum Bestäuben * 2 El Sonnenblumenöl * griechischer Joghurt zum Servieren

In einer Schüssel den geraspelten Kürbis mit dem Zucker vermengen und ziehen lassen, während der Teig zubereitet wird.

Für den Kefirteig in einer großen Schüssel Kefir, Sonnenblumenöl, Essig, Zucker und Salz mit einer Gabel gründlich verrühren. Das Mehl mit dem Backnatron durchsieben, erneut sieben – dieses Mal direkt in die Kefirmischung – und alles zu einem Teig vermengen. Er sollte weich und geschmeidig sein. Ist er noch ein bisschen klebrig, die Arbeitsfläche vor dem Kneten großzügig mit Mehl bestäuben. Den Teig durchkneten und dabei weiteres Mehl einarbeiten. Sobald er nicht mehr an den Händen klebt, jedoch immer noch weich ist, ist er einsatzbereit.

Den Teig in vier Portionen teilen. Die Arbeitsfläche sehr großzügig mit Mehl bestäuben und die Teigstücke darauf einzeln zu runden Fladen von 20 cm Durchmesser ausrollen.

Jeweils etwas von dem gezuckerten Kürbis auf den Teigkreisen verteilen. Eine Seite des Fladens zur Mitte umschlagen und dann die Hälfte des neu entstandenen Randes erneut zur Mitte falten. In dieser Weise fortfahren, bis du den Teig insgesamt etwa siebenmal gefaltet hast (weniger reicht nicht, um die Füllung vollständig einzuschließen). Der Fladen sollte aussehen wie ein platt gewalzter Geldsack. Darauf achten, dass die Nahtstellen in der Mitte des Fladens fest zusammengedrückt und versiegelt werden. Den Fladen mit Mehl bestäuben und noch einmal vorsichtig mit der Teigrolle darüberrollen. Die restlichen Teigfladen ebenso füllen.

Die Kürbisfladen von beiden Seiten in Sonnenblumenöl braten oder mit dem Öl bestreichen und unter dem Grill garen – das Ergebnis ist etwas anders, aber nicht weniger lecker. Dazu griechischen Joghurt reichen.

Ukrainische Piroggen mit Ei-Frühlingszwiebel-Füllung

ZUTATEN FÜR 8 STÜCK:

1/2 El plus etwa 100 ml Sonnenblumenöl * 250 ml Milch, raumtemperiert * 10 g frische oder 7 g Trockenhefe * 1/2 El Zucker * 1/2 Tl feines Meersalz 350–400 g Mehl plus Mehl zum Bestäuben * 3 Eier, hart gekocht, geschält und fein gehackt 50 g Frühlingszwiebeln, fein gehackt * 20 g Dill samt Stielen, fein gehackt * Meersalzflocken

1/2 El Öl mit Milch, Hefe, Zucker und Salz in einer Schüssel mit einer Gabel 1 Minute verquirlen, um etwas Luft einzuarbeiten. Das Mehl durchsieben, nach und nach unter die Flüssigkeit mengen und alles in der Schüssel zu einem weichen, geschmeidigen Teig verarbeiten. Bei Bedarf noch etwas Mehl zugeben – der Teig ist unter Umständen noch etwas feucht, aber keine Sorge, später beim Kneten lässt sich noch mehr Mehl einarbeiten. Die Schüssel mit Frischhaltefolie zudecken und den Teig an einem warmen Ort 45 Minuten gehen lassen, bis er sein Volumen verdoppelt hat.

Für die Füllung die hart gekochten Eier mit den Frühlingszwiebeln und dem Dill vermengen und mit Salz abschmecken.

Den Teig auf der gut bemehlten Arbeitsfläche durchkneten, bis er schön geschmeidig ist und nicht mehr klebt. In acht Stücke teilen und zu Fladen von 10 cm Durchmesser ausrollen. Je etwa 1 El Füllung in die Mitte setzen, den Teig zu einem Halbkreis zusammenklappen und die Ränder fest andrücken. Die Teigtaschen umdrehen, sodass sie mit der Naht auf der Arbeitsfläche liegen, und mit der Hand vorsichtig flach drücken.

Das Sonnenblumenöl in einer großen Pfanne kräftig erhitzen und die Piroggen portionsweise von jeder Seite 3 Minuten goldbraun braten. Die Temperatur reduzieren, falls sie zu dunkel werden. Die Teigtaschen auf Küchenpapier abtropfen lassen und sofort anstelle von Brot zu einer Suppe oder als Snack servieren. ●

SO GEHT'S: eine wand TAPEZIEREN

TEXT CAROLINE BUIJS

1. DU BRAUCHST: TAPETE, TAPETENKLEISTER, TAPEZIERTISCH, DECKENBÜRSTE, TAPETENBÜRSTE, ROLLMASS, SCHERE. GLÄTTE VORHER DIE WAND SO GUT WIE MÖGLICH – DANN LIEGT DIE TAPETE SCHÖN STRAFF AN.

2. BEGINNE AN DER FENSTERSEITE. DADURCH FÄLLT DAS LICHT AUF DIE STOSSKANTEN DER TAPETE, WODURCH SIE KAUM AUFFALLEN. ZEICHNE UNGEFÄHR 50 CM VOM FENSTER ENTFERNT EINE LOTRECHTE LINIE AN DIE WAND, DENN HAUSWÄNDE SIND SELTEN GERADE. WIE? INDEM DU EINEN FADEN MIT EINEM SCHLÜSSEL DARAN GERADE HINUNTERHÄNGEN LÄSST UND DARAN ENTLANG EINEN VERTIKALEN STRICH ZIEHST. KLEBE DIE ERSTE TAPETENBAHN ENTLANG DIESER LINIE AUF.

3. RECHNE 10 CM ZUR GEMESSENEN MAUERHÖHE HINZU: DAS IST DIE LÄNGE DEINER BAHN. ROLLE DIE TAPETE AUS UND ZEICHNE DIE LÄNGE AUF DER RÜCKSEITE MIT EINEM BLEISTIFT AN. FALTE DIE TAPETE ZURÜCK BIS AUF DIESEN STRICH, SODASS DIE SEITENKANTEN EXAKT AUFEINANDERLIEGEN: SO SCHNEIDEST DU GERADE. SCHNEIDE DIE ERSTE BAHN UND MARKIERE SIE AUF DER RÜCKSEITE MIT 1. LEGE DIE NÄCHSTE BAHN NEBEN DIE ERSTE. ACHTE DARAUF, DASS DAS MUSTER ZUSAMMENPASST, UND SCHNEIDE DANN DIE ZWEITE BAHN, NUMMERIERE SIE USW.

4. KLEISTERE DIE ERSTE HÄLFTE DER ERSTEN BAHN EIN UND FALTE SIE ZUSAMMEN (SEITENKANTEN GENAU AUFEINANDER, SONST TROCKNET DER LEIM EIN) BIS AN DIE NOCH NICHT EINGEKLEISTERTE HÄLFTE. KLEISTERE DIE ANDERE HÄLFTE EIN UND FALTE SIE AUF DIE GLEICHE ART UND WEISE ZUSAMMEN. LASS DEN LEIM 5-15 MINUTEN EINZIEHEN.

5. FALTE DIE OBERE HÄLFTE VON BAHN 1 AUSEINANDER, DIE UNTERE HÄLFTE BLEIBT EINGEKLAPPT. LEGE DIE BAHN AN DIE LOTRECHTE LINIE UND LASSE SIE AN DER OBEREN KANTE UM CA. 5 CM ÜBERLAPPEN. FALTE VORSICHTIG DIE UNTERE HÄLFTE AUF. LIEGT DIE BAHN GERADE? STREICHE MIT EINER BÜRSTE VON OBEN NACH UNTEN. KLEINERE BLASEN ZIEHEN SICH NACH DEM TROCKNEN VON SELBST GLATT.

6. ZIEHE MIT DER STUMPFEN KANTE EINER SCHERE EINE LINIE ÜBER DIE TAPETE, WO SIE AN DECKE BZW. FUSSBODEN GRENZT. ZIEHE DIE TAPETE EIN WENIG VON DER WAND AB UND SCHNEIDE DIE ÜBERSTEHENDEN STÜCKE GENAU AN DIESER LINIE AB, DANN WIEDER GUT FESTDRÜCKEN.

ILLUSTRATION RUBY TAYLOR

Inspiration

Dein eigenes
MINIMUSEUM

Muscheln aus dem Urlaub oder dein Lieblingskinderbuch: Es gibt Sachen, für die du eigentlich keine Verwendung (mehr) hast, an denen aber viele Erinnerungen hängen. Es wäre schade, sie wegzuwerfen oder in einem Karton zu verstecken. Ein Hoch auf die Vitrine – meint Xandra van Gelder

Wenn ich einen schönen Schaukasten sehe, dann ist es um mich geschehen. Ich bin verrückt nach kleinen Holzvitrinen, am liebsten alt, gern mit Kratzern. Manchmal stelle ich mir vor, was ihre früheren Besitzer wohl darin aufbewahrt haben. Mein Lieblingsteil ist eine kleine Vitrine aus Frankreich mit hübschen Glastüren. Bei jedem Umzug kommt das gute Stück mit in die nächste Wohnung.

Es gibt Gegenstände, an denen wir so hängen, dass sie uns ein Leben lang begleiten. Aber wo bewahrt man sie auf? Auf der Fensterbank, im Regal oder doch in einem Karton auf dem Dachboden? Am besten vielleicht in einer kleinen Vitrine. Sie schenkt eigentlich unnützen Sachen ein neues Leben. Die Tassen mit Goldrand von Oma, eine kleine Keramikvase oder ein Plastikmedaillon von der Kirmes. Oder die Schätze aus der Jugend, die du beim Aufräumen entdeckst: dein erstes Lesebuch oder ein verschlissenes Stofftier. Man braucht das ja alles eigentlich nicht mehr – und doch ist es zum Wegwerfen zu schade. So wird die kleine Vitrine zu einem Minimuseum in deiner Wohnung.

NICHTS FÜRS GEMEINE VOLK
Vitrinen galten lange Zeit als spießig und altbacken, doch jetzt sieht man sie wieder häufig auf Wohnmessen und Designblogs. Astrid Hoffmann vom Blog monaqo.de sagt: „Ich bin sicher, Vitrinen werden in naher Zukunft wieder eines der ganz relevanten Möbel." Schließlich passen sie perfekt in unsere Zeit, in der wir auch Alltagsgegenstände mit Bedacht auswählen, sie regelrecht kuratieren, und kleinen Dingen wieder mehr Beachtung schenken. „Die Vitrine adelt die Gegenstände darin, seien es einfach schöne Objekte oder persönliche Erinnerungsstücke", sagt Christoph Schreier, stellvertretender Direktor und Kurator im Kunstmuseum Bonn. „Ich könnte mir vorstellen, dass sie deswegen wieder en vogue ist, sie steht für Wertigkeit. Und das Arrangement darin signalisiert Bedachtsamkeit."

Vitrinen und Schränke aller Art sind heute für uns etwas Alltägliches, aber so lange gibt es sie noch gar nicht. Vor ein paar hundert Jahren waren sie noch dem Adel und dem Königshaus vorbehalten. Das gemeine Volk bewahrte seine Sachen in schlichten Truhen auf. Erst gegen Ende des 15. Jahrhunderts entwickelten sich aus der aufrecht hingestellten Kastentruhe die ersten Schränke. Und als im 17. Jahrhundert die Bürger immer wohlhabender wurden, fingen sie an, ihr Geld – nach ➤

dem Vorbild der Adeligen – für die Verschönerung ihrer Wohnungen auszugeben. Sie kauften Gemälde, Vasen und Möbel. Und die waren immer wertvoller und aufwendiger gestaltet: Die Türen besonders edler Schränke etwa wurden mit Ebenholz, Perlmutt oder Silber verziert.

Aus dieser Zeit stammt auch der Kunstschrank, ein besonders hübsch gestalteter Schrank mit vielen kleinen Fächern und Schubladen zum Aufbewahren von kleinen Schätzen. Die Ausweitung der weltweiten Handelsbeziehungen brachte damals immer mehr Kostbarkeiten aus exotischen Ländern nach Europa – Pfeffer, Seide, chinesisches Porzellan, Schokolade, all dies war neu für die Menschen hier. Und sie begannen, diese Dinge zu sammeln, in eigenen kleinen Raritätenkabinetten, eben jenen Kunstschränken. Muscheln, Korallen, ausgestopfte Tiere, Porzellan, Lackarbeiten und seltene Insekten – solche Schätze lagen gut geschützt in den vielen Schubladen und wurden ausschließlich aus gewählten Besuchern gezeigt. Heute sind die Konzepte der kleinen Heimkabinette unterschiedlicher. Jeder bestückt seine Schaukästen auf ganz eigene Weise. Esther Blaffert, Miteigentümerin des Amsterdamer Einrichtungsgeschäfts Friday Next, erzählt von einer deutschen Kundin, die in Amsterdam lebt und ihre Heimat in den Kasten stellt: ein Stück Berliner Mauer, ein Kinderbuch und andere Sachen, die sie an zu Hause erinnern.

ZEIGEN, WER DU BIST
Esther beobachtet derzeit eine gesteigerte Nachfrage nach Vitrinen in ihrem Laden. Sie selbst bevorzugt robuste, moderne Modelle. Esther: „Ich finde es schön, wenn der Schaukasten einen Kontrast zu den zerbrechlichen Sachen bildet, die darin aufbewahrt werden." Früher mochte sie diese Schaukästen überhaupt nicht. Ihre Eltern seien leidenschaftliche Sammler, deshalb hätten sie gleich mehrere Vitrinen, erzählt sie. „Mein Vater sammelt Mineralien und Steine, meine Mutter bewahrt Erinnerungen aus ihrer Heimat Venezuela auf." Als Kind konnte sie nichts mit diesen Vitrinen anfangen. „Wenn es nach mir gegangen wäre, wäre der Krempel in den Keller gewandert." Inzwischen ist sie selbst Mutter von vier Kindern, und in ihrer Küche hängt ein kleiner Schaukasten an der Wand, in dem sie die Bastelarbeiten ihrer Kinder ausstellt. Zurzeit spart sie für einen ganz besonderen Vitrinenschrank, auf den sie schon lange ein Auge geworfen hat: den „Philips Cabinet" von Piet Hein Eek.

Eine Vitrine zu besitzen ist eine Sache, sie einzurichten eine ganz andere. Esther ist aufgefallen, dass viele ihrer Kunden unsicher sind, was sie in ihre Vitrine legen sollen, und sogar oft extra Dinge nur dafür kaufen. Gerade das ist aber nicht der Sinn der Sache, findet sie. „Es gibt so viele Wohnungen, in denen man kaum etwas Persönliches sieht. Mit den Objekten in einer Vitrine kannst du dann aber zeigen, wer du bist und was dir etwas bedeutet. Das kann alles Mögliche sein: Schmuck,

„Mit deiner Vitrine kannst du eine Geschichte erzählen. Die Sachen darin zeigen, wer du bist"

Muscheln, selbst eine Zahnbürste kann für dich einen Erinnerungswert haben. Mit deiner Vitrine kannst du eine – nämlich deine – Geschichte erzählen."

EIN RAUM IM RAUM
Wie die Vitrine und ihr Inhalt dabei zusammenspielen, damit hat sich der Künstler Joseph Beuys intensiv auseinandergesetzt. Er hat zu seinen Objekten die Vitrinen, in denen sie ausgestellt werden sollen, gleich mitentworfen. „Die Beuys-Vitrine hat vier Metallbeine und einen Glaskasten, der auf Brusthöhe beginnt, so hat man die Ausstellungsfläche wie eine Insel direkt vor Augen", sagt Christoph Schreier vom Kunstmuseum Bonn. Dort nutzen sie diese Beuys-Vitrinen für alle ihre Ausstellungen. „Sie sind ideal", sagt er, „wir haben eine Spielfläche, auf der wir vier oder fünf Objekte zusammenstellen. Beuys hat seine Vitrinen immer ziemlich vollgestellt, das isolierte Objekt hat ihn nicht interessiert, sondern die Zwiesprache, der Kräftefluss zwischen den Dingen. So ist die Vitrine ein eigener Raum im Raum, eine kleine Welt für sich." Im Museum haben Vitrinen außerdem natürlich noch eine andere, viel profanere Funktion: Schutz. Vor Diebstahl, aber auch vor Staub, Feuchtigkeit und Temperaturschwankungen. Deshalb bleiben, wenn erst mal alles arrangiert ist, die Schaukästen im Museum geschlossen.

Für den britischen Keramikkünstler Edmund de Waal ist diese Vorstellung ein Gräuel. „Außerhalb von Museen sollten Vitrinen unbedingt geöffnet werden", sagt er, „die aufschwingende Glastür und der Moment, in dem du schaust, auswählst und hineingreifst, um ein Stück herauszunehmen, ist ein Moment der Verführung: eine elektrisierende Begegnung von Hand und Gegenstand." Edmund hat eine Ode an die Vitrine geschrieben. In seinem Buch *Der Hase mit den Bernsteinaugen* macht er sich auf die Suche nach den Ursprüngen von 264 Miniaturschnitzereien aus Japan, die ihm sein Onkel vererbt hat. Jeder darf sie anfassen, auch seine beiden Kinder. „Wenn ich in die Vitrine schaue, sehe ich sofort, ob etwas verschoben worden ist." Das mache die Vitrine lebendig, sagt Edmund. Das Buch, das er geschrieben hat, zeigt auf eindrückliche Weise seine Liebe zum Sammeln, zu Kunst, zu kleinen Knochen und Skeletten, die er als Junge gesammelt hat, und zu den modernen Keramikstücken, die er selbst schafft. Er lässt jedes dieser kleinen Dinge, ob schön oder hässlich, strahlen. Wer sein Buch liest, bekommt sofort Lust, eine eigene Vitrine einzurichten.

PERFEKT IN SZENE GESETZT
Wie du deine eigene Vitrine bestückst, ist ganz und gar deine Sache. Jeder macht es anders. Ob viel Raum für ein einziges Teil, vollgestellt wie bei Beuys oder mit Extradekoration für die Objekte, wie es etwa Sabine Nolte macht. Gemeinsam mit zwei weiteren Frauen betreibt sie den Laden Serendipity in Hamburg, in dem sie Kleider, Gürtel, Taschen und Schmuck verkauft – und die kleinen Teile in Vitrinen präsentiert. Drei verschiedene stehen in ihrem Laden: ➤

Auf den Fotos sind die Miniausstellungen unserer Grafikerin Eva-Maria Kowalczyk und unserer niederländischen Flow-Kolleginnen Astrid van der Hulst, Caroline Buijs und Annelinde Tempelman zu sehen.

WIE GEMALTE STILLLEBEN

Ein Paradies für Vitrinenliebhaber ist das Teylers Museum in Haarlem. Hier gibt es außergewöhnliche Modelle, sie stehen zum Beispiel auf hohen gedrechselten Beinen und haben ein sechseckiges gläsernes Spitzdach. Oder es sind große robuste Vitrinen mit Schubladen voller geologischer Fundstücke. Marjan Scharloo, Direktorin des Museums, ist „unheimlich froh", dass die alten Vitrinen nicht auf dem Sperrmüll gelandet sind. „Dann wäre die Magie des Hauses vollkommen verloren gegangen." teylersmuseum.nl

ein verglaster Tresen, eine Standvitrine und ein kleiner Schaukasten, der an der Wand hängt. „Wir hatten keinen Ladendesigner, sondern haben alles selbst eingerichtet, ein bisschen improvisiert und auf Trödelmärkten nach alten Vitrinen gesucht", erzählt sie. „Diese sind aus den 50er- und 60er-Jahren, ich wollte etwas mit Geschichte und Patina. Vitrinen sind ja nicht nur Schutz, sondern auch Inszenierung." Nach diesem Motto setzen sie den Schmuck darin in Szene: Die kleinen Anker-Kettenanhänger haben sie auf Postkarten von Schiffen gelegt, die Armbänder um einen Ast gewickelt und über die Ringe eine Glasglocke gestülpt. „Und es gibt ja nicht nur ein Innen, es ist auch wichtig, was auf und neben der Vitrine steht", sagt Sabine. „Wir stellen auch Schmuck obendrauf, den man so leichter anfassen kann. Es ist der Gesamteindruck, der zählt."

DINGE ZUM ANFASSEN

Außer der Vitrine aus Frankreich, die ich bereits erwähnt habe, besitze ich noch einige andere. Im Badezimmer zum Beispiel bewahre ich meine Handtücher in einem Vitrinenschrank auf und habe Muscheln, alte Parfümflakons und ein antikes Frisierset aus Silber dazugestellt. Meine Tochter, die jetzt ein Teenager ist, hat einen Schaukasten über ihrem Bett hängen. Ihre Oma bewahrte darin früher Tänzerinnen aus Porzellan auf, die sie gesammelt hat. Meine Tochter hat nun ihren Schmuck reingelegt. Einen Regalboden darin hat sie für Ohrringe reserviert, auch wenn sie bis jetzt nur ein einziges Paar besitzt.

Die Vitrine aus Frankreich steht im Esszimmer. Alle paar Monate sieht es darin anders aus. Wenn ich nervös oder gestresst bin, bestücke ich sie unbewusst heiter und klar. Danach fühle ich mich meistens besser. In den Monaten, in denen die Tage kurz und dunkel sind, arbeite ich mit Spiegeln, sodass darin das wenige Licht, vor allem Kerzenlicht, reflektiert wird. Und wenn ich auf dem Flohmarkt etwas Hübsches sehe, für das ich eigentlich überhaupt keine Verwendung habe, kann ich es ruhigen Gewissens kaufen: denn die französische Vitrine nimmt alles gern auf.

Immer mehr Menschen empfinden heute so wie ich: Sie möchten Dinge zum Anfassen um sich haben. Unser Büro soll nach den modernsten Anforderungen papierlos werden. Fotos flitzen nur noch in digitalen Fotorahmen vorbei. LPs und CDs, die früher viel Platz in Regalen in Anspruch genommen haben, sind jetzt unsichtbar in der Cloud oder auf Spotify gespeichert. Bücher ziehen ins Arbeitszimmer oder ins Schlafzimmer, die neuen Titel befinden sich auf einem E-Reader. Zum Glück bleiben aber immer Sachen übrig, die nicht in einen Computer passen: die Tänzerinnen aus Porzellan, die ich von meiner Schwiegermutter geerbt habe, Muscheln vom Ferienstrand und die Preise, die meine Kinder irgendwann einmal gewonnen haben. Wie Edmund de Waal sagt: „Eine Vitrine ist nicht einfach nur ein Möbelstück. Sie wird zum Sammelfreund." ●

MAKE IT SIMPLE

Der Stil von Dinara Mirtalipova kommt dir bekannt vor?
Wir haben die Illustratorin schon einmal vorgestellt:
in der Rubrik „Was machst du gerade?" in Flow #8.

ILLUSTRATION (VORDERSEITE) **DINARA MIRTALIPOVA**
VERWANDLE DIESE SEITE IN EIN LESEZEICHEN: EINFACH DAS AUSGESTANZTE PAPIERRECHTECK AM FALZ KNICKEN UND DURCH DEN KLEINEN SCHLITZ STECKEN

*Nicht weil es schwer ist,
wagen wir es nicht,
sondern weil wir es nicht wagen,
ist es schwer.*

Seneca, römischer Philosoph

MAKE IT SIMPLE

Es muss gar nicht so kompliziert sein

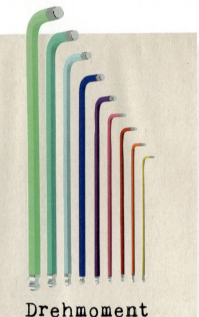

Drehmoment
Am Rad werkeln, wenn's draußen gräut? Nicht schön. Mit dem Inbusschlüsselset „Rainbow" geht das Reparieren zwar auch nicht von selbst, macht aber mehr Laune. Plus: Man findet über die Farbe sofort den richtigen Dreh. 24,90 Euro, über bundesrad.de

Brotzeit
Das kriegt jeder gebacken: In den Backsets von Brotliebling steckt alles, was man braucht, um eigenes Brot zu kneten, von Mehl über Nüsse bis zu den Gewürzen. Es gibt Backpapier dazu, eine Anleitung – und ein gutes Gewissen. Denn die Mischungen sind Bio pur, ohne Zusatzstoffe und wurden in einer Behindertenwerkstatt verpackt. Das schmeckt uns! Ab 6 Euro, brotliebling.de

Gedanken marsch!
Hahn aufdrehen, Augen schließen, abtauchen. Unter der Dusche lassen wir die Gedanken gern fließen. Und plötzlich ist sie da, die Frage oder Erkenntnis, die uns so noch nie in den Sinn kam, etwa: „Wenn die Welt aus Klonen meiner selbst bestünde, wäre sie dann für mich perfekt?" Oder: „Bevor es Kameras gab, wusste kaum jemand, wie er mit geschlossenen Augen aussieht." Die besten Eingebungen sammelt das Buch *Gedanken unter der Dusche* von Thomas Raab (rororo, 9,99 Euro) – zum Weiterdenken nach dem Abtrocknen.

Schön griffig
So einfach bekommen alte Kommoden und Schränke einen neuen Look: Die Manufaktur Knaeufe.de, ein Hamburger Familienunternehmen, fertigt in Handarbeit ganz besondere Möbelknöpfe aus Glas, Metall und Keramik. Die sind mal bunt, mal edel, mal schlicht und in den verschiedensten Formen zu haben. Ab 2,90 Euro

Gute Masche, Mann

Du kennst wahrscheinlich auch den Spruch: „Den perfekten Mann muss ich mir erst basteln." Das schön schräge Handarbeitsbuch *Dein Traumprinz. Einfach gestrickt* (Bassermann Inspiration, 9,99 Euro) liefert die passenden Anleitungen dazu. Du kannst ihm eine individuelle Frisur, Statur und Hautfarbe verpassen, dazu auch noch einen spannenden Job und das passende Outfit. Die nette Idee hatte Carol Meldrum (38), Textildesignerin aus England und kreativer Kopf hinter dem Accessoires-Label Beatknit, für das sie sich von schottischer Tradition inspirieren lässt. beatknit.com

Kunst-Stoff

Manchmal führt an Plastik ja leider kein Weg vorbei. Wie man daraus das Beste macht, weiß Veronika Richterová: Die Tschechin bastelt aus Einwegflaschen Skulpturen und futuristische Lampen, will so daran erinnern, mit dem Material sparsam umzugehen. Die schönsten Exemplare sammelt sie übrigens in einem Museum – wer mag, kann gern seine Flaschen beisteuern. veronikarichterova.com

Das kommt mir in die Tüte

Ordnung schaffen und Sachen wegschmeißen gibt einem ein genauso gutes Gefühl wie shoppen, sagt die englische Aufräumexpertin Karon Kingston. Dabei helfen diese schönen Papiersäcke von Kolor. Da steht nicht nur unübersehbar neonbunt drauf, was reingehört, sie halten auch richtig lange und machen sich – sind sie gerade mal nicht so gefragt – ganz schnell so richtig klein. Es gibt sie übrigens auch in Uni zum Selberbeschriften. Na dann, ordentlich Spaß beim Eintüten. Einzelner Papiersack: 7,50 Euro, Fünfer-Set: 33 Euro, www.kolorshop.de

Starke Biene

Es ist wieder Schnupfenzeit. Da schadet es nicht, schon beim Frühstück gegenzusteuern – und sich Manukahonig aus Neuseeland zu gönnen. Der ist antibakteriell und unterstützt das Immunsystem. Tipp: Nicht in den Tee tun, bei über 39 Grad schwindet der Effekt. Glas ab 21,90 Euro

Inspiration

Einfach glücklich in der

BLOCKHÜTTE

Zwei Autostunden von Oslo entfernt haben die norwegische Fotografin Inger Marie Grini und ihre Familie eine Blockhütte im Wald. Ganz schlicht ist sie, aber es ist dort wie im Märchen – insbesondere im Winter, wenn eine dicke Schneedecke auf dem Dach liegt

So einen Schlitten wie den vor der Hütte von Inger Marie findest du auch auf globetrotter.de (suche nach „Schneckenrodel")

„Unsere Hütte ist unser Rückzugsort, wenn wir rauswollen aus der Stadt"

„Als ich anfing Fotografie zu studieren, habe ich noch gesagt: Ich werde mich nie mit Farbfotografie beschäftigen, Schwarz-Weiß ist kunstvoller", lacht Inger Marie Grini (37). „Im zweiten Jahr an der Kunstakademie in Schottland musste ich dann doch mit Kolorfilmen arbeiten und fand es sofort fantastisch! Man kann so schön mit den verschiedenen Tönen spielen. Inzwischen ist nicht zu übersehen, dass ich Farben, Heiterkeit und Humor in meinen Fotos liebe, besonders in Porträts. Insofern spiegelt meine Arbeit meinen Charakter wider. Dasselbe gilt für unser Haus in Oslo und für unsere Hütte im Wald. Die bunte Einrichtung dort, mit den vielen witzigen Details wie etwa den Vogelhäuschen, erfüllt mich sofort mit Freude, wenn ich ankomme. Für mich ist das wichtig, ich bin sehr häuslich, baue gern ein Nest. Auch mein Atelier habe ich zu Hause. Die Möbel und die Deko in unserer Hütte habe ich selbst zusammengestellt, einfach nach Gefühl. Ich fotografiere häufig für norwegische Wohnmagazine wie *Rom 123, Lev Landlig* oder *Elle Decoration* und habe dabei gelernt, wie man schön einrichtet. Vieles habe ich mir von den Stylisten, mit denen ich zusammenarbeite, abgeschaut. Durch meinen Beruf habe ich mir auch angewöhnt, alles in Bildern zu sehen. Schöne Ecken fallen mir sofort auf. Und ich weiß, wie ich die Sachen arrangieren muss, um ein stimmiges Ganzes zu schaffen. So konnte ich sofort losfotografieren, als ich mit dem Renovieren und Einrichten unserer Hütte fertig war, musste nichts mehr verändern, um schöne Bilder zu bekommen."

EINFACH MAL NICHTS TUN
„Unsere Hütte wurde 1880 auf einem Bauernhof in der Provinz Telemark erbaut. Ich hatte sie erst von meinem Onkel gemietet, bevor mein Mann Øystein und ich sie übernahmen. Wir kannten uns damals noch nicht lange und wohnten in Oslo in getrennten Wohnungen. Die Hütte wurde zu unserem Rückzugsort, wenn wir rauswollten aus der Stadt. Im Sommer dauert die Fahrt zwei Stunden, im Winter eine halbe Stunde länger. Hier können wir dem Rauschen des Flusses lauschen, die Düfte der Natur genießen, spazieren gehen, Ski laufen. Wenn ich die Tür meiner Wohnung in Oslo hinter mir zuziehe und mich auf den Weg mache, fange ich schon an zu gähnen. Die Entspannung macht sich bemerkbar, bevor ich ankomme! Denn ich weiß, dass dort nichts auf mich wartet: keine schmutzige Wäsche, keine Arbeit, keine anderen Verpflichtungen. Ich kann dort einfach mal nur sein, mich ganz anders erholen als zu Hause, auch weil alles viel primitiver ist.

Die Hütte hat eine Fläche von 40 Quadratmetern, dazu kommen der Dachboden und ein Schuppen. Sie war mit den Jahren ziemlich heruntergekommen. Innen war alles aus den 80er-Jahren, im Wohnzimmer etwa standen Kiefernmöbel, die Wände waren bordeauxrot gestrichen. Wenn ich etwas hässlich finde, dann das. Wir haben die Wände in hellem Blau gestrichen, das lässt sich gut mit jeder anderen Farbe kombinieren. Die Farbe ist typisch für Küchen der 50er-Jahre, und ich liebe sie. Ich habe sie an den Wänden meiner Lieblingsbäckerei in Oslo entdeckt. Man wollte mir dort zwar die Farbnummer nicht nennen, aber ich habe den Ton fast getroffen. Die beiden Räume unter dem Dach haben wir renoviert, um dort die Schlafzimmer einzurichten. Das war ein hartes Stück Arbeit! Sieben Liter Mäusekötel haben wir ➤➤

1. „Mein Vater fand in seiner Jugend zu Hause Stickutensilien. Er hat damit dieses Bild gestickt"

2. „Die Wand im Flur war schon gelb, als wir die Hütte übernahmen. Ich liebe verblasste Pastelltöne"

3. Der runde Tisch stammt von Ingers Oma. Die Kissen hat sie selbst genäht

4. Neben dem Schrank steht die Nähmaschine: „Wenn ich entspannen will, nähe oder sticke ich"

5. Dass der Dachboden so niedrig ist, finden Mari und Alfred gerade schön: wie für Kinder gemacht

6. „Das alte Bauernbett mit Schaffell ist mein Lieblingsplatz. Dort mache ich gern Mittagsschlaf"

7. Der Holzstapel im Flur ist mit Schaffell und Kissen in einen Sitzplatz verwandelt worden

„Wir haben zwar Strom, aber kein Internet. Der Fernseher steht im Karton"

1. Der Kaminofen ist unentbehrlich, um die Hütte warm zu kriegen – und das Prasseln des Feuers so schön gemütlich

2. „Ich bin verrückt nach alten Möbeln und sammle Sachen wie Vogelhäuschen, kleine Eulen, Rehe, Tannenzapfen, Zweige, alte Fotos. Es darf ruhig ein bisschen Humor in der Deko stecken"

3. Die extraniedrigen Betten der Kinder fand Inger im Schuppen. Die grünen Kopfteile waren früher das Kopf- und Fußteil eines anderen Bettes

zusammengefegt und die alten Holzdielen kräftig geschrubbt. Ein Blick in den Schuppen verriet uns, dass einer der Dachräume früher schon ein Schlafzimmer war. Wir haben dort zwei Betten mit sehr niedrigen Füßen gefunden, die perfekt unter die Schrägen passen. Jetzt stehen sie wieder an ihrem alten Platz, und unsere Kinder schlafen darin. Der zweite Raum unter dem Dach ist das Elternschlafzimmer."

SACHEN, DIE EINE SEELE HABEN
„Hier ist alles sehr einfach. Die Toilette ist draußen, es gibt nur kaltes Wasser, keine Badewanne. Kochen können wir im Winter zeitweise nur eingeschränkt, weil es dauert, bis die Wasserleitung aufgetaut ist. Wir behelfen uns, indem wir vorbereitetes Essen mitbringen. Mit etwas Planung klappt alles wunderbar. Wir haben zwar Strom, aber kein Internet. Deswegen haben wir viel Ruhe hier. Der Fernseher steht irgendwo in einem Karton, wir holen ihn nur ab und zu heraus, um eine DVD zu schauen. Wir lesen viel und wir sind natürlich oft draußen. Auch Mari, unsere vierjährige Tochter, fühlt sich in der Hütte pudelwohl. Am besten gefällt ihr, dass sie so klein ist. So sind wir meistens zusammen, das findet sie schön kuschelig. Im Winter genießt Mari den Schnee, sie kann hier wunderbar Schlitten fahren. Alfred ist erst zwei. Wenn er ein bisschen älter ist, wird auch er die Hütte bestimmt lieben. Mein Motto lautet: Einfach ist am besten. Du brauchst nicht viel, um es schön zu haben. Dies gilt vor allem für Sachen: Alles, was hier steht,

haben wir uns beim norwegischen eBay und auf Flohmärkten besorgt oder von zu Hause mitgebracht – wir hatten vieles doppelt, als wir zusammenzogen. Ich liebe sowieso alte Sachen, die eine Seele haben. Deshalb habe ich immer Bargeld bei mir. Schließlich kann es jederzeit passieren, dass mir in einem Secondhandladen etwas Schönes ins Auge fällt, und meist kann man in diesen Läden nicht mit Karte zahlen. Nicht auszudenken, dass ich mein Fundstück dann stehen lassen müsste…"

EIER VOM EIGENEN HOF
„Ich koche sehr gern und befasse mich viel mit organischen Lebensmitteln. Ich möchte meine Kinder gesund ernähren und will immer wissen, wo die Lebensmittel herkommen. Brot backe ich selbst. Am liebsten würde ich auf einem richtigen kleinen Bauernhof leben und selbst Eier, Milch und Fleisch erzeugen. Wir wohnen aber in der Stadt. Zwar haben wir ein schönes Haus mit Garten, in dem sogar ein Apfelbaum wächst und wir auch eigentlich Platz für Tiere hätten. Aber der Gedanke, Tiere in der Stadt zu halten, erscheint mir vollkommen abwegig. Vor Kurzem habe ich entdeckt, dass es hier in Norwegen Biobauernhöfe gibt, bei denen man für einen festen Jahresbetrag Produkte der Saison kaufen kann. Man kann den Einkauf zum Teil auch durch eigene Arbeitsstunden auf dem Hof bezahlen und sogar die Kinder mitbringen. Dann sehen sie wenigstens mal die Hühner, die die Eier legen. Im nächsten Jahr machen wir da mit." ●

DER TEDDYBÄR-EFFEKT

Dein Teddybär aus Kindertagen macht dich zu einem sozialeren Menschen. Zumindest wenn er sich mit dir in einem Raum befindet und du dadurch an deine Kindheit erinnert wirst. Das entdeckte Sreedhari Desai, die als Assistenzprofessorin an der Universität von North Carolina lehrt

WIE SIND SIE AUF DIE IDEE GEKOMMEN, DASS WIR DURCH KINDHEITSERINNERUNGEN TATSÄCHLICH ZU NETTEREN MENSCHEN WERDEN KÖNNTEN?

Es fing damit an, dass meine Schwester eine Tochter bekam. Ich merkte, dass ich mich sozialer und freundlicher verhielt, wenn meine kleine Nichte in der Nähe war. Das war für mich der Anlass, über das Bild, das wir von Kindern haben, nachzudenken. Ich stamme aus Indien, war viel in Europa unterwegs und lebe schon seit vielen Jahren in den USA. Und ob wir nun Christen, Muslime oder Hindus sind: Wir alle betrachten Kinder als unschuldige Geschöpfe. Unsere Kindheit sehen wir als eine Phase der Reinheit, Unschuld, Ehrlichkeit. Ich habe außerdem einige Studien über *Priming* gelesen. Damit ist das Phänomen gemeint, dass es dein Denken und Verhalten beeinflusst, wenn vorher unbewusste Erinnerungen und Assoziationen wachgerufen wurden. Wissenschaftler haben beispielsweise herausgefunden, dass sich Personen, denen man ein Logo von Apple gezeigt hatte, danach kreativer verhielten als jene, die ein Logo von IBM zu sehen bekamen – mit Apple assoziieren die Leute Kreativität. Ich fragte mich, ob sich das Verhalten von Menschen auch ändert, wenn Kindheitserinnerungen geweckt werden. Ein schönes Beispiel dafür in der Literatur findet man in Charles Dickens' *Weihnachtsgeschichte*. Wenn der alte Geizkragen Ebenezer Scrooge an seine Kindheit denkt, bedauert er, dass er dem Jungen, der am Abend zuvor vor seiner Tür gesungen hat, kein Geld gegeben hat. Die große Frage ist aber: Funktioniert das auch in Wirklichkeit so?

WIE HABEN SIE DAS UNTERSUCHT?

Wir haben verschiedene Experimente gemacht. Beim ersten Versuch hatten wir zwei Gruppen von Studenten. Die einen haben wir aufgefordert, eine schöne Erinnerung aus ihrer Kindheit aufzuschreiben. Die anderen sollten etwas über ein Produkt schreiben, das sie vorher in einem Supermarkt gekauft hatten. Nach dem Experiment fragten wir die Studenten, ob sie dem Versuchsleiter freiwillig noch bei etwas anderem helfen könnten. Drei Viertel der Teilnehmer, die über ihre Kindheitserinnerung geschrieben hatten, sagten Ja. Von der Gruppe der Supermarktprobanden wollte nur die Hälfte helfen. Der Unterschied war deutlich. Als wir die Studenten eingehender befragten, stellte sich heraus, dass die Erinnerungen an die Kindheit ein Gefühl von „moralischer Reinheit" bei ihnen geweckt hatten – es bewirkte, dass sie sich sozialer verhielten. In einer zweiten Studie sollten Probanden wieder einen Aufsatz über eine Kindheitserinnerung beziehungsweise über einen Einkauf im Supermarkt schreiben. Danach fragten wir sie, ob sie für Erdbebenopfer spenden würden. Von den Studenten, die über ihre Kindheit geschrieben hatten, gaben 61,5 Prozent eine Spende, von den anderen nur 41,2 Prozent. Die Probanden aus der Gruppe mit der Kindheitserinnerung spendeten außerdem größere Beträge. Eine weitere Studie hat belegt, dass es keinen Einfluss auf deine Reaktion hat, ob du dich mit einer schönen oder einer unangenehmen Kindheitserinnerung befasst. Die Probanden mussten eine Geschichte über einen Studenten lesen, der verunglückte, nachdem er einer älteren Dame geholfen hatte. Sowohl die Teilnehmer mit den positiven als auch die mit den negativen Kindheitserinnerungen zeigten viel mehr Mitgefühl als solche, die sich mit dem Einkauf im Supermarkt beschäftigt hatten.

HAT SIE DAS ÜBERRASCHT?

Ja, aber ich muss dazusagen, dass es um Erinnerungen an kleine Dinge ging, zum Beispiel wie man als Kind hingefallen ist und sich das Knie aufgeschlagen hat. Es ging nicht um traumatisierende, heftige Ereignisse, etwa sexuellen Missbrauch oder den Verlust eines Elternteils. Wir möchten nicht behaupten, dass diese Art Erinnerungen ebenfalls zu einem sozialeren Verhalten beitragen.

Forschung

WAS NÜTZEN UNS IHRE WISSENSCHAFTLICHEN ERKENNTNISSE IN DER PRAXIS?
Meiner Meinung nach ist es gut, dass wir soziale Netzwerke wie Facebook haben. Die Leute knüpfen darüber wieder Kontakt mit ihren früheren Spiel- und Schulkameraden und können Erinnerungen an die damalige Zeit teilen. Ich habe beispielsweise immer noch Kontakt mit meiner Englischlehrerin. Obwohl ich inzwischen 33 bin, fühle ich mich immer als Kind, wenn ich ihr schreibe. Ich glaube, dass dies ein guter Zustand ist, den man ab und zu herbeiführen sollte. Das kann einem helfen, ein besserer Mensch zu werden. Eine gute Idee ist auch, sich Kinderfotos oder Zeichnungen ins Arbeitszimmer zu hängen. Sie können ebenfalls Erinnerungen an die eigene Kindheit wecken – und dich so dazu anregen, freundlicher mit Kunden oder Kollegen umzugehen. Mitarbeiter von Google arbeiten in Büros, die spielerisch anmuten und mit farbenfrohen Möbeln eingerichtet sind. Eine weitere Möglichkeit, eine Atmosphäre zu schaffen, in der sich Kollegen freundlicher verhalten. Denn so wird das Kind in ihnen angesprochen.

HABEN SIE SELBST AUCH EINMAL ERLEBT, DASS SIE SICH MIT KINDHEITSERINNERUNGEN IM HINTERKOPF SOZIALER VERHALTEN HABEN?
Voriges Jahr musste ich an einem heißen Sommertag zur Bank, um eine finanzielle Angelegenheit zu regeln. Ich war nicht gerade bester Stimmung. Die Klimaanlage funktionierte nicht, und die Warteschlange vorm Schalter war lang. Ich war gereizt, die Leute vor mir schienen aber entspannt zu sein. Als die Schlange kürzer wurde, wusste ich, warum: An der Wand hinter dem Schalter hingen hübsche Zeichnungen von Kindern der benachbarten Schule. Ich merkte, dass meine schlechte Laune verflog, während ich sie anschaute. Und mir ist auch aufgefallen, dass die Leute auf farbenfrohe abstrakte Kunstwerke generell positiv reagieren. Solche, bei denen man sich fragt, ob sie von einem Kind oder einem Erwachsenen stammen. Auch in meinem Büro hängen solche Bilder, sie heben einfach die Stimmung.

WIE HABEN IHRE KOLLEGEN UND ANDERE MENSCHEN AUF IHRE UNTERSUCHUNGEN REAGIERT?
Ich bekam eine Menge E-Mails, ein Mann schrieb zum Beispiel: „Ich bin inzwischen Geschäftsführer einer großen Organisation, und raten Sie mal, was bei mir auf dem Mahagonischreibtisch steht? Der kleine Lastwagen, mit dem ich als Kind gespielt habe. Ich fand das eigentlich selbst immer ein bisschen kurios, aber als ich Ihre Forschungsergebnisse gelesen habe, wusste ich, dass ich durch den Lastwagen immer noch mit dem Kind in mir verbunden bin." Es gab aber auch ein paar Kritiker, die mich fragten, ob ich die Leute etwa dazu ermuntern wolle, sich so naiv wie ein Kind zu verhalten. Meine Antwort lautet: Natürlich will ich das nicht. Es geht mir nicht darum, dass jemand vollständig in der Vergangenheit abtaucht. Ich möchte aber andere dazu ermutigen, die Kindheit an einem Zipfel festzuhalten. Es gab auch berechtigte Kritik. Wenn du ein Foto von deinem Kind im Büro stehen hast, bist du irgendwann daran gewöhnt. Hat das Foto dann noch einen Effekt? Das wissen wir nicht, denn die Frage nach dem langfristigen Effekt haben wir nicht untersucht. Andererseits: Ich kann vielleicht vergessen, dass ich einen kleinen Teddybären in meinem Büro sitzen habe, aber wenn eine Studentin hereinkommt und sagt: „Oh, wie süß der ist!", dann werde ich wieder an ihn erinnert, und es entwickelt sich vielleicht ein Gespräch daraus.

HAT DIESE UNTERSUCHUNG IN IHREM EIGENEN LEBEN ETWAS VERÄNDERT?
Ja. Ich habe selbst ein anderes Verhältnis zu den Dingen aus meiner Kindheit bekommen. Mein Vater hat mir immer aus einem ukrainischen Märchenbuch vorgelesen. Als ich vor Kurzem bei meinen Eltern war, habe ich es hervorgekramt und mitgenommen. Nun steht es in meinem Regal zwischen den Fachbüchern. Es gibt mir ein gutes Gefühl, das Buch dort stehen zu sehen.

SIND SIE DADURCH EIN BESSERER MENSCH GEWORDEN?
Das ist die entscheidende Frage. Leider kann ich sie nicht beantworten. Sie sollten sie meinen Kollegen stellen! ●

Fotografin Elke Moorkamp kauft auf Flohmärkten alte Stofftiere und macht Porträtfotos von ihnen. Die Charakterköpfe findest du auf moeppi-baumann.de

Einsicht

> Mit schöner Regelmäßigkeit denkt Otje van der Lelij, dass sich was ändern muss in ihrem Leben. Dann trinkt sie grüne Smoothies, übt Klavier und macht Sport, statt fernzusehen. Das klappt aber meist nur eine Woche. Inspiriert durch die Kaizen-Methode, packt sie das Ganze nun anders an

„Stell dir vor, dass du in fünf Jahren in der gleichen Situation bist wie jetzt, mit denselben Freunden, dem gleichen Partner. Dass du noch die gleiche Arbeit machst, so lebst wie in diesem Moment. Wie fühlst du dich bei diesem Gedanken?" Ich musste kurz grübeln, als mir ein Freund diese Frage stellte. Keine schöne Aussicht, dachte ich. Ich habe einen liebevollen Partner, zwei tolle Kinder und einen Traumjob, aber ich habe so viel zu tun, dass ich fast keine Zeit für mich, meine Wünsche und Sehnsüchte habe. Die Vorstellung, in fünf Jahren immer noch derart eingespannt zu sein, schnürte mir die Luft ab. Es gab zu viele Dinge, die ich ändern wollte: mehr Sport treiben, meditieren, Klavier üben und endlich mit dem Buch anfangen, das ich schon so lange im Kopf hatte.

Hin und wieder startete ich einen verzweifelten Versuch. Dann stand ich morgens in der Küche und mixte grüne Smoothies, übte täglich diese schwierige Ballade von Chopin und ersetzte abends den Fernseher durch das Meditierkissen. Das Programm hielt ich genau eine Woche durch, dann war's das wieder. Die Spinat-Smoothies wurden mir zuwider, Klavierübungen verschoben – auf morgen, nächste Woche, nächsten Monat. Und bevor ich es merkte, war ich im alten Trott: arbeiten, Mutter sein, essen, fernsehen, schlafen, wieder arbeiten. Eines Tages dann las ich etwas über Kaizen, die japanische Strategie der Veränderung, und fühlte mich inspiriert. Die Idee hinter dieser Philosophie – Veränderung (kai) zum Besseren (zen) – ist simpel: Wandel erreichst du nicht dadurch, dass du alles umwirfst, sondern nur durch kleine Schritte.

KÖRPER IM FLUCHTMODUS
Robert Maurer ist Professor an der medizinischen Fakultät der University of California und Autor des Buches *Kleine Schritte, die Ihr Leben verändern.* Maurer stellt die These auf, dass viele Menschen Angst davor haben, etwas anders zu machen als bisher. Sie wünschen sich zwar einen neuen Job oder möchten gesünder leben, aber im Unterbewusstsein werden sie von dieser Angst blockiert. Maurer: „Wenn du eine Veränderung wünschst, aber eine Blockade fühlst, ist meistens das Mittelhirn verantwortlich. Es half unseren Urahnen zu überleben. Sobald Gefahr drohte, schlug die Amygdala, die zentrale Schaltstelle, Alarm. Das Hirn registrierte, dass die Lage ernst ist, schaltete das Denken aus und versetzte den Körper in einen Kampf- oder Fluchtmodus. Eine logische Reaktion. Wenn dich ein Löwe anbrüllt, ist es unklug, Zeit fürs Nachdenken zu vergeuden. Wichtig ist nur, dass du dich in Sicherheit bringst. Das Problem mit der Amygdala ist jedoch, dass sie auch dann Alarm schlägt, wenn wir von der gewohnten Routine abweichen – etwa bei neuen Herausforderungen."

Das kam mir bekannt vor. Ich scheute mich beispielsweise, Leute, die ich kaum kenne, zum Kaffee einzuladen. Was, wenn sie keine Zeit haben würden? Und das Buch – was, wenn es ein Flop würde? Habe ich überhaupt genug Kompetenz, es zu schreiben? In meinen Träumen hieß die Antwort: Ja, mach einfach! Meine Amygdala sagte: Sieh dich vor! Maurer zufolge hilft Kaizen dabei, diesen Ängsten zu begegnen. „Kleine, leicht zu erreichende Ziele – täglich fünf Minuten für dein Buch zu recherchieren oder eine einzige Büroklammer vom vollen Schreibtisch zu nehmen und in die Schublade

Bevor ich es selbst merke, bin ich wieder im alten Trott

zu legen – lassen dich quasi auf Zehenspitzen an der Amygdala vorbeischleichen, sodass sie nicht wach wird und Alarm schlägt." Je mehr solcher kleinen Schritte du machst, desto mehr neue Verbindungen werden im Gehirn geknüpft, sagt Maurer. „Du wirst bald weniger Widerstand gegen deine Vorsätze spüren, es wird weniger Mühe kosten, sie durchzuhalten." Noch besser: Es besteht eine große Chance, dass dein Gehirn Gefallen am neuen Verhalten findet. Eines Tages verlangt es dann sogar nach regelmäßiger sportlicher Betätigung oder einer täglichen kleinen Meditation.

Für den Anfang ist es das Wichtigste, dass du Ziele wählst, die auch wirklich klein sind – auch wenn sie fast albern wirken. Es darf nicht mühsam sein. Maurer: „Wenn du schon immer Songs ➔

> „Fünf Minuten pro Tag an meinem Buch zu arbeiten hat die Begeisterung, die ich zu Anfang hatte, neu entfacht"

komponieren wolltest, kannst du dir vornehmen, drei Noten pro Tag zu schreiben. Du willst sparsamer sein? Nimm einen Artikel wieder aus dem Einkaufswagen heraus, bevor du zur Kasse gehst." Falls diese Schritte zu groß sind, kannst du auch mentale Übungen machen. Stell dir zumindest vor, dass du Noten schreibst oder etwas aus dem Einkaufswagen nimmst. Es klingt verrückt, aber auch so werden bereits neue neuronale Verbindungen geknüpft.

VIER NEUE TAKTE

Ich erstellte eine Liste mit kleinen Schritten, die ich machen wollte: fünf Minuten an meinem Buch arbeiten, vier neue Takte üben, einer fremden Person Hallo sagen, eine Minute auf dem Rudergerät trainieren, fünf Minuten lesen. Jeden Tag wählte ich zwei dieser Minivorhaben aus und setzte sie in die Tat um. Es waren kleine Schritte, die keinen Widerstand in mir weckten und auch im hektischen Alltag machbar waren. Um es noch etwas attraktiver zu machen, kaufte ich ein Tagebuch, das es zwar nur auf Englisch gibt, das aber perfekt zu Kaizen passt: *Starting Today. A Journal of Intention and Change*. Dort trug ich die zwei Schritte ein, die ich pro Tag machen wollte – das half, sie nicht zu vergessen. Das Buch enthält auch inspirierende Zitate, etwa von Konfuzius: „Es ist nicht wichtig, wie langsam du gehst, solange du nicht stehen bleibst."

„Eine Minute rudern? Da wirst du ja eine fantastische Kondition bekommen", sagte mein Freund ironisch. Ich legte noch nach: „Ja, und wenn mir das zu viel wird, werde ich mich jeden Tag nur kurz auf den Rudertrainer setzen … mit einer Tasse Kaffee." Maurer bestätigt, dass viele Menschen wie mein Freund reagieren: „Wenn jemand Zweifel an Kaizen hat, dann meist, weil die Schritte so leicht sind. Wir möchten Ergebnisse sehen und wählen deshalb meistens drastische Methoden, halten streng Diät, gehen dreimal pro Woche ins Fitnessstudio. Wir denken, wir müssen hart gegen uns selbst sein. Manchmal führt das tatsächlich zum Erfolg, aber oft fallen wir schnell in alte Muster zurück. Wenn du dagegen erst mal einen kleinen Schritt machst, wirst du auf angenehme Weise zum zweiten und dritten geführt. Bis du eines Tages merkst, dass du erreicht hast, was du anders machen wolltest."

Veränderungen mit der Kaizen-Methode beginnen damit, sich die richtigen Fragen zu stellen. Zum Beispiel: „Wenn Gesundheit bei mir höchste Priorität hat, was möchte ich dann heute anders machen?" Oder: „Wie kann ich mich selbst daran erinnern, dass ich mehr Wasser trinken will?" Laut Maurer funktioniert das besser, als sich selbst strenge Vorschriften aufzuerlegen wie „Trink genug Wasser". Denn dein Gehirn liebt Fragen, auch wenn sie seltsam oder lächerlich sind. Und deshalb wird es sie nicht so leicht abwehren. Sie dürfen nur keinen Stress erzeugen, also nicht lauten: „Wie werde ich noch in diesem Jahr schlank?" Oder: „Welcher Karriereschritt beschert mir ein Topgehalt?" Nur wenn wir uns kurze, subtile Fragen stellen, wird keine Kampf- oder Fluchtreaktion hervorgerufen. Wir empfinden dann weniger Widerstand.

MIT VERGNÜGEN WEITERMACHEN

Dass kleine Fragen eine große Wirkung haben können, dafür ist Michael Ondaatje, Autor des Romans *Der englische Patient*, das beste Beispiel. „Ich habe keine großartigen Ideen im Kopf, wenn ich mich an einen neuen Roman setze", sagt Ondaatje. „Und ich beginne nicht mit riesigen Fragen wie: Welcher Charakter könnte meine Leser faszinieren?" Stattdessen wählt Ondaatje ein paar Ereignisse – etwa ein Flugzeugunglück oder einen Patienten, der sich mit einer Krankenschwester unterhält – und stellt sich dann einige simple Fragen dazu: Wer ist der Mann im Flugzeug? Warum ist er dort? So trägt er lauter Mosaikteilchen zu seinen Figuren zusammen, die eine Basis sind für seine komplexen Charaktere und die vielschichtigen, preisgekrönten Romane.

Nach dem Kaizen-Prinzip kannst du simplen Fragen leicht Taten folgen lassen. Wenn du niedergeschlagen bist, könnte eine Kaizen-Frage lauten: „Was kann ich heute machen, damit ich mich etwas besser fühle?" Die Antwort kannst du sofort umsetzen: „Ich schreibe eine Sache auf, für die ich dankbar bin." So musst du nicht den ganzen Berg bezwingen, und der Aufstieg kostet weniger Überwindung. Das merkte ich selbst. Kleine Schritte sind wirklich leichter durchzuhalten. So wurde eine Minute Rudern schnell zur Routine, bald hängte ich einige Minuten dran. Und auch die anderen Schrittchen machte ich ohne Mühe. Fünf Minuten Recherche für mein Buch entfachten die Begeisterung für das Thema neu. Und wenn ich erst mal mit dem Schreiben angefangen habe, finde ich es oft so fesselnd, dass ich den ganzen Abend weitermache. Habe ich mal keine Lust, sind ein paar Minuten auch genug. Ich habe noch immer mein Ziel vor Augen und werde es schließlich auch erreichen. Denn wie hat schon Laotse vor mehreren Jahrhunderten gesagt: „Auch die längste Reise beginnt mit dem ersten Schritt." ●

happinez

Für ein glücklichez Leben.

Macht schon beim Lesen glücklich: Erleben Sie happinez, Deutschlands erstes Mindstyle-Magazin.

Jetzt alle 6 Wochen neu!

Origami-LAMPIONS

Wir lieben Papier mit schönen Mustern. Und es ist herrlich entspannend, es kunstvoll zu falten. Zum Beispiel zu dieser tollen Lichterkette. Die zaubert noch dazu gemütliche Stimmung in unsere Wohnung

Selber machen

DU BRAUCHST:
✻ Quadratisches Papier mit schönen Mustern (ca. 20 x 20 cm, 80 g/m²)
✻ LED-Lichterkette

ZEITAUFWAND:
✻ etwa 2 Stunden

Und so geht's:

1. Zuerst faltest du dein quadratisches Origamipapier zweimal diagonal. Anschließend faltest du den Papierbogen einmal senkrecht und einmal waagerecht.

2. Jetzt drückst du zwei gegenüberliegende Seiten nach innen, sodass ein Dreieck entsteht. Ziehe alle entstandenen Kanten noch mal mit dem Daumen nach.

3. Nun faltest du die oben liegenden Ecken jeweils zur oberen Mitte, sodass erneut zwei kleinere Dreiecke entstehen.

4. Jetzt wendest du dein Origamipapier und faltest die beiden anderen Ecken ebenso zur oberen Mitte.

5. Nun wendest du dein Origamipapier wieder und faltest die beiden im Foto gezeigten Ecken ebenso zur Mitte. Drehe dann das Papier um und wiederhole diesen Schritt auf der anderen Seite.

6. Anschließend faltest du die kleinen Ecken, wie hier abgebildet, nach oben.

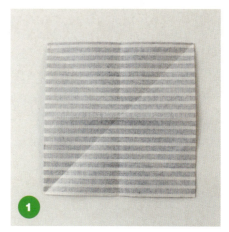

"Auch das kleinste Licht hat sein Atmosphärchen"

MARIE VON EBNER-ESCHENBACH (1830–1916)

7. Die nach oben gefalteten kleinen Ecken knickst du um die Hälfte wieder nach innen.

8. Es entstehen kleine Dreiecke, die du jetzt zwischen die darunterliegenden Dreiecke schiebst. Dies wiederholst du ab Schritt 6 mit den Ecken auf der anderen Seite.

9. Die entstandene Papierform hat an einer Spitze eine kleine Öffnung. In diese Öffnung pustest du nun vorsichtig hinein, und zwar so lange, bis der Lampion seine volle Größe erreicht hat.

10. Die Lampions steckst du nun Stück für Stück auf die kleinen LED-Lampen an deiner Lichterkette. ●

KREATIV DURCHS JAHR

Sophie Pester und Catharina Bruns sind leidenschaftliche Selbermacherinnen und die Gründerinnen von Supercraft. Sie schnüren kreative DIY-Kits, die man abonnieren kann (supercraftlab.com), und verkaufen in ihrem Onlineshop lauter schöne Dinge, die man zum Basteln braucht. In ihrem Buch stellen sie 52 Ideen zum Selbermachen vor, nach Jahreszeiten gegliedert: von Kissen über Notizbücher bis hin zu Halstüchern wird genäht, gestrickt, geklebt und gehäkelt – die Anleitungen sind auch für Anfänger geeignet.
Supercraft. Kreative Projekte für 52 Wochenenden (Dorling Kindersley, 16,95 Euro)

SCHÖNES VON FLOW

Flow, ein Magazin, das sich Zeit nimmt. Wir feiern die Kreativität, das Unperfekte und das Glück im Kleinen.

Alles über Flow & Abonnement

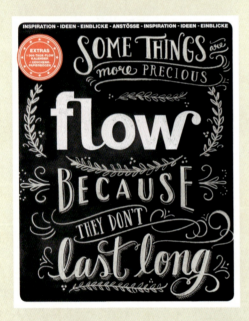

BIST DU BEREIT FÜR FLOW?

In jedem Heft stellen wir einen bunten Strauß an Inspirationen, Ideen und Lesenswertem mit viel Liebe zusammen. Dazu bekommst du pro Ausgabe die Papiergeschenke doppelt. Bestell dein Abo (pro Ausgabe zum Preis von 6,95 Euro) telefonisch unter (040) 55 55 78 00 oder online. Und schon landet Flow ab der nächsten Ausgabe in deinem Briefkasten. Natürlich kannst du dein Abo jederzeit auch wieder kündigen.

www.flow-magazin.de/abo

SCHREIBT UNS!

Wir möchten euch kennenlernen, eure Wünsche an Flow, eure Ideen und was euch im Leben bewegt. Lasst es uns wissen und mailt uns an:
redaktion@flow-magazin.de

DU WILLST FLOW VERSCHENKEN?

Dann gib uns telefonisch Bescheid unter (040) 55 55 78 00. Oder bestell das Geschenkabo (8 Ausgaben) für 55,60 Euro direkt online unter
www.flow-magazin.de/geschenkabo

HIER FINDEST DU UNS

Wir haben eine Website mit allem, was es über Flow zu wissen gibt: vom Blick ins Heft bis zur Ankündigung der nächsten Ausgabe. Außerdem könnt ihr hier ausgewählte Artikel online lesen.
www.flow-magazin.de

WIR SIND AUF FACEBOOK Hier erzählen wir euch, was wir gerade machen, zeigen euch nette Dinge aus dem Magazin und was wir sonst noch schön finden. Und wir freuen uns über eure Kommentare.
www.facebook.com/flow.magazin.deutschland

TWITTER, INSTAGRAM, PINTEREST Unsere Lieblingsseiten im Heft, inspirierende Sprüche, das posten wir auf Instagram. Die vielen schönen Dinge, die wir im Netz finden, könnt ihr auf unseren Pinterest-Boards anschauen. Und wir zwitschern auch bei Twitter …
twitter.com/FlowMagazin
instagram.com/flow_magazin
pinterest.com/flowmagazine

Book for Paper Lovers & Kalender

MIT FLOW DURCHS JAHR

Für den Flow-Abreißkalender hat die Illustratorin Deborah van der Schaaf 366 Ideen für Minivergnügungen gezeichnet – eine wunderbare Inspirationsquelle für das ganze Jahr. Der perfekte Begleiter für unterwegs ist unser Diary, das dir pro Woche zwei Seiten Platz bietet für Termine, Notizen, Kritzeleien, dekoriert mit wunderschönen Mustern und Illustrationen von Cheryl Rawlings. Dazu gibt's: Aufkleber, ein Mininotizbuch, ein Ausfaltposter für die Highlights des Jahres und inspirierende Zitate. **Den Abreißkalender kannst du für 14,95 Euro und das Diary für 16,95 Euro bestellen unter www.flow-magazin.de/shop**

ES IST WIEDER DA!

Das ist eines unserer Lieblingsspecials: das Book for Paper Lovers, das wir jedes Jahr machen. Die neue Ausgabe ist wieder randvoll mit mehr als 300 Seiten voller wunderbarer Papier-Goodies zum Basteln, Kleben, Ausschneiden, Einwickeln, Aufhängen oder Ausmalen. Gestaltet wurden sie von Illustratoren und Designern aus der ganzen Welt, wie zum Beispiel Ruby Taylor, Nathalie Lété, Valerie McKeehan und Caroline Ellerbeck. **Das Book for Paper Lovers kannst du für 16,95 Euro bestellen unter www.flow-magazin.de/shop**

UNSERE 366-TAGE-FLOW-KALENDER-APP

Du hast bereits einen schönen Platz in deiner Wohnung für deinen 366-Tage-Kalender gefunden, möchtest ihn aber am liebsten immer bei dir tragen? Dann lade dir im App Store oder im Google Play Store unsere App *Flow Kalender – Inspiration und Zitate für jeden Tag* herunter. So hast du auch die Möglichkeit, deine liebsten Zitate, Tipps und Inspirationen mit Freunden zu teilen – per Mail oder auf Instagram, Facebook oder Twitter. Außerdem kannst du dir eine Favoritenliste mit deinen Lieblingstagen erstellen. **Die App *Flow Kalender* ist im Google Play Store und im App Store für 1,99 Euro erhältlich**

Achtsamkeits-Extra

KENNST DU SCHON UNSER DICKES ACHTSAMKEITSBUCH?

Sich nicht hetzen lassen, den Augenblick genießen, beim Werkeln, Ausmalen, Lesen ruhig werden. Unser Achtsamkeitsbuch ist ein guter Begleiter für dich, wenn du dich häufiger fragst, wie du im Alltag wach und gelassen bleiben kannst. Wir geben Inspiration zum Thema Selbstmitgefühl und zum Umgang mit Neid und Angst und haben kluge Zitate von Experten wie Jon Kabat-Zinn illustriert. Auf Mitmachseiten kannst du Listen schreiben, die den Kopf aufräumen, und du kannst achtsam kreativ sein: mit Ausmalseiten, Anregungen und viel Material zum Kleben von Collagen.

DAS IST DRIN:

Schöne-Momente-Kärtchen, Extra-Schreibheft *Ein Gedanke am Tag*, 16 Postkarten mit klugen Zitaten, Seiten mit Bildern für Collagen, Leseprobe aus dem Buch *Achtsamkeit mitten im Leben* von Britta Hölzel, Mindfulnesskärtchen und vieles mehr.

Das Flow-Achtsamkeitsbuch kannst du für 12,95 Euro bestellen unter www.flow-magazin.de/mindfulness

Ausmalbuch & Vorschau

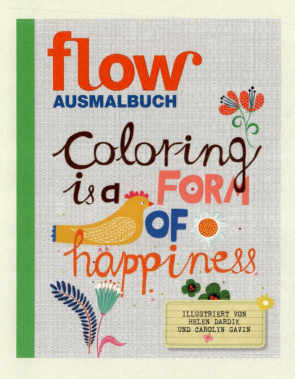

ES GIBT UNS JETZT AUCH ZUM AUSMALEN
Zwei unserer liebsten Künstlerinnen, Helen Dardik und Carolyn Gavin, haben aus ihren normalerweise knallbunten Illustrationen die Farben weggelassen, damit du dich austoben kannst. Und sie verraten uns tolle Maltipps.
Das Flow-Ausmalbuch kannst du für 8,95 Euro bestellen unter www.flow-magazin.de/ausmalbuch

FÜR IMMER?
Warum manche Freundschaften nicht
ewig halten – und das okay so ist
*
DIE KRAFT DES GEBENS:
Sich von Dingen trennen und anderen
eine Freude machen tut gut
*
LEBEN OHNE PLAN:
Können wir das noch?

UNSERE PAPIERGESCHENKE:
Zeitleiste zum Selbstgestalten und
Bilderbuch von Blexbolex

FLOW #15: 19. JANUAR 2016

Manchmal ändern wir unsere Pläne, finden etwas noch Besseres,
etwas noch Schöneres. Darum kann es sein, dass die nächste Ausgabe
ein bisschen anders aussieht, als wir es hier versprechen.

Zum Selbermachen

366-TAGE-FLOW-KALENDER

Er ist voll mit schönen Zitaten, Einsichten und simplen, aber hilfreichen Tipps. Dieses Mal hat die Illustratorin Bodil Jane aus Amsterdam den Kalender für uns gestaltet

Bevor sich Bodil Jane an die Arbeit machte, hat sie erst einmal den Kalender vom vorigen Jahr zusammengebastelt: „Das war sehr anregend, ich habe mit Tinte kleine Illustrationen auf einige Blätter gemalt – so wie man beim Telefonieren einen Schmierblock vollkritzelt, nur viel aufmerksamer. Schließlich habe ich die schönsten Illustrationen ausgesucht, um sie für den diesjährigen Kalender zu verwenden."

Bodil hat Illustration an der Willem de Kooning Academie in Rotterdam studiert. „Ich mache meine Illustrationen ausschließlich mit der Hand, hauptsächlich mit Tinte und Wasserfarbe. Am liebsten arbeite ich allein, dann kann ich mich am besten konzentrieren. Auf meinem Arbeitstisch stehen neben meinen Zeichenutensilien inspirierende Bücher, außergewöhnliche kleine Figuren und Pflanzen. Und darüber hinaus hänge ich zur Inspiration immer mal wieder andere Bilder an die Wand. Demnächst dann natürlich auch den Kalender."

Mehr über Bodil Jane auf bodiljane.com. Auf ihrer Instagram-Seite kannst du unter anderem in kurzen Filmen sehen, wie sie arbeitet (@bodiljane).

SO MACHST DU DIR DEINEN KALENDER:
Knicke die Blätter an den perforierten Linien und trenne die Karten vorsichtig heraus. Lege die Karten in der richtigen Reihenfolge aufeinander, ziehe einen Bindfaden durch (oder hänge die Kärtchen an einen großen Ring) – und dein Kalender ist fertig.

DER FLOW-KALENDER ALS APP IMMER DABEI:
Die tägliche Inspiration gibt es auch für unterwegs: *Flow Kalender – Inspiration und Zitate für jeden Tag* für Smartphone und Tablet (iOS und Android), 1,99 Euro (siehe Seite 135).

366 TAGE FLOW

JEDEN TAG EIN KLEINES BISSCHEN FLOW

Ein Geschenk für dich selbst oder für einen lieben Menschen: unser Minikalender mit Einsichten, Zitaten und guten Tipps. Hänge ihn an einen schönen Ort in deiner Wohnung – so hast du jeden Tag einen kleinen Flow-Moment.

Impressum
Konzept Astrid van der Hulst, Irene Smit
Layout Annelinde Tempelman, Sascha Pijnaker – Studio 100%, Eva-Maria Kowalczyk
Text Mariska Jansen, Sjoukje van de Kolk, Wiebke A. Kuhn, Jocelyn de Kwant, Otje van der Lelij, Chris Muyres
Schlussredaktion Silke Schlichting
Illustration Bodil Jane
Foto Shutterstock

---

1 JANUAR
Feel connected

In Freiheit, mit Büchern, Blumen und dem Mond – wer könnte da nicht glücklich sein?

Oscar Wilde
(1854-1900)

---

2 JANUAR
Live mindfully

Mancher findet sein Herz nicht eher, als bis er seinen Kopf verliert.

Friedrich Nietzsche
(1844 - 1900)

---

3 JANUAR
Live mindfully

Etwas vorstehende Zähne sind doch auch schön, oder? Was von anderem abweicht, prägt sich ein. Perfektes finde ich langweilig.

Hella Jongerius, niederländische Designerin

---

4 JANUAR
Live mindfully

Fürchte nicht langsames Wachstum. Fürchte den Stillstand.

Chinesische Weisheit

---

5 JANUAR
Live mindfully

Angst und Selbstzweifel beeinflussen deine Fähigkeit, rational zu denken. Du überschätzt nicht nur das Risiko, dass etwas misslingt, sondern übersiehst oder unterschätzt auch deine Fähigkeit, ein Problem zu meistern.

Aus: *Boost Your Confidence* von Melanie Fennell

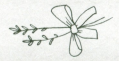

---

6 JANUAR
Feel connected

Grüße heute auf der Straße einfach mal einen Nachbarn oder jemanden, den du vom Sehen kennst, an dem du normalerweise vorbeigehen würdest.

---

7 JANUAR
Make it simple

Du kannst dich schlecht von Dingen trennen, aber in der Wohnung häufen sich die Stapel mit Zeitschriften, und auf dem Dachboden stehen Kartons, von denen du nicht mal mehr weißt, was sich darin befindet? Eine gute Übung zum Aussortieren: Trenne dich jeden Tag von drei Dingen – zu einem festen Zeitpunkt, sodass es zur täglichen Routine wird.

Tipp aus: *Tausche Chaos gegen Leichtigkeit* von Gabi Rimmele (Patmos)

---

8 JANUAR
Feel connected

Es hat die ganze Nacht geschneit. Ich habe den Eindruck, dass ich heute auf einer Blankoseite lebe.

Tomi Ungerer, Illustrator

---

9 JANUAR
Make it simple

Gewöhne dir an, vor dem Wocheneinkauf den Kühlschrank auszuwischen. Denn zu diesem Zeitpunkt ist der Kühlschrank meist ziemlich leer und leichter zu reinigen, als wenn er gefüllt ist.

Tipp von Els Jacobs, Haushaltscoach

---

10 JANUAR
Live mindfully

Es ist nie zu spät, nichts zu tun.

Konfuzius
(551-479 v. Chr.), chinesischer Philosoph

Klemens Unger · Karin Geiger · Sabine Tausch (Hrsg.)

Brücke zum Wunderbaren
Von Wallfahrten und Glaubensbildern

Ausdrucksformen der Frömmigkeit in Ostbayern

29 DEZEMBER
Live mindfully

Sometimes things
fall apart,
so that better things
can fall together.

Marilyn Monroe
(1926-1962)

---

30 DEZEMBER
Live mindfully

Du musst das
Leben einfach nur
leben. Es ist gar
nicht kompliziert.
Kleine Schritte
tun, jeden Tag.

Schwester Hildegard,
Priorin von Haus Emmaus

---

31 DEZEMBER
Feel connected

♥ ♥ ♥

Es ist schön so.

♥ ♥ ♥

---

flow

---

25 DEZEMBER
Feel connected

Liebe ist nicht das,
was man erwartet
zu bekommen,
sondern das, was man
bereit ist zu geben.

Katharine Hepburn
(1907-2003)

---

26 DEZEMBER
Feel connected

Die wichtigste Stunde ist
immer die Gegenwart,
der bedeutendste Mensch
ist immer der, der dir
gerade gegenübersteht,
und das notwendigste Werk
immer die Liebe.

Eckhart von Hochheim,
spätmittelalterlicher
Theologe und Philosoph

---

27 DEZEMBER
Feel connected

Der erste Schnee ist
wie eine Verzauberung.
Man geht in der
gewohnten Welt zu Bett
und wacht in einer
völlig anderen wieder auf.
Wenn das nicht
Verzauberung ist, was
ist es dann?

J.B. Priestley
(1894-1984), englischer
Schriftsteller

---

28 DEZEMBER
Live mindfully

Verlange nicht, dass
das, was geschieht,
so geschieht, wie du
es wünschst, sondern
wünsche, dass es
so geschieht, wie es
geschieht, und du wirst
glücklich sein.

Aus: *Handbüchlein der
Moral* von Epiktet

---

22 DEZEMBER
Live mindfully

Geschenke einpacken
macht dir Spaß? Gut so,
denn Daniel Howard,
Marketingprofessor der
Southern Methodist
Universität in Dallas, kam
in einer Studie zu dem
Ergebnis: Empfänger mögen
verpackte Geschenke lieber
als unverpackte – denn schon
der Anblick des Geschenk-
papiers sorgt für gute Laune.

---

23 DEZEMBER
Live mindfully

Never get so busy
making a living
that you forget
to make a life.

---

24 DEZEMBER
Live mindfully

Am Ende bin ich
selten da, wo ich
hinwollte, aber
ich ende eigentlich
immer da, wo ich
letztlich sein muss.

Douglas Adams
(1952-2001), britischer
Schriftsteller

11 JANUAR
Make it simple

Entscheidungen sind leicht. Was sie kompliziert macht, sind nur die Gedanken, die ich mir vorher darüber mache.

Byron Katie, amerikanische Autorin von Selbsthilfebüchern

12 JANUAR
Make it simple

Auch wenn du mal erst nachts um zwei Uhr ins Bett gehst: Stehe trotzdem konsequent vor acht Uhr auf. Dann kommt deine biologische Uhr nicht aus dem Rhythmus – und Körper und Geist sind schneller wieder fit.

Judith Haffmans, Chronobiologin

13 JANUAR
Live mindfully

Auch unsere Zeit wird später einmal „die gute alte Zeit" heißen.

Godfried Bomans (1913–1971), niederländischer Schriftsteller

14 JANUAR
Spoil yourself

Die Liste der zu erledigenden Dinge nimmt kein Ende, die Deadline rückt immer näher – und du sitzt bereits zehn Stunden vor dem Computer? In solchen Fällen schaue ich mir fünf Minuten lang duschende Baby-Capybaras an (mit Ton!), danach kann ich entspannt weiterarbeiten: tinyurl.com/ptbrd5j

Wiebke Anabess Kuhn, Flow-Redakteurin

15 JANUAR
Live mindfully

Wenn man die Augen zumacht / Klingt der Regen wie Applaus.

Aus: *Regen* von Enno Bunger

16 JANUAR
Spoil yourself

Wenn wir uns schlecht fühlen, dann belohnen wir uns gern mit Essen. Wie Forscher der University of Buffalo herausgefunden haben, tun wir das am liebsten mit Gerichten, die uns an unsere Kindheit erinnern, zum Beispiel Fischstäbchen mit Kartoffelpüree. Weil wir das unbewusst mit der Zuneigung verbinden, die wir damals erlebt haben.

17 JANUAR
Feel connected

Die Gebote der Natur stehen niemals im Widerspruch zu denen der Klugheit.

Juvenal (ca. 60–130 n.Chr.), altrömischer Satiriker

18 JANUAR
Live mindfully

Nur diejenigen, die es wagen, im Großen zu scheitern, können jemals etwas Großes erreichen.

Robert F. Kennedy (1925–1968)

19 JANUAR
Make it simple

Wirf heute einfach mal keinen Blick auf deine To-do-Liste, sondern mache nur, worauf du Lust hast.

20 JANUAR
Live mindfully

Wenn du nicht aufhören kannst, über eine Sache zu grübeln, stell dir die Frage, ob sie in einem Jahr oder in fünf Jahren immer noch wichtig sein wird. Wenn die Antwort Nein lautet, kannst du davon ausgehen, dass das Problem, über das du grübelst, in Wirklichkeit keine große Sache ist.

21 JANUAR
Feel connected

Internationaler Jogginghosentag

Im vergangenen Jahr ist die gesamte Flow-Redaktion in Jogginghose zur Arbeit gegangen. Machst du dieses Jahr mit? Dann poste doch ein Bild von dir in den bequemen Hosen auf unsere Facebookseite: www.facebook.com/flow.magazin.deutschland

18 DEZEMBER
Live mindfully

NIE HAT EIN WINTER –
SO STRENG ER
AUCH GEWESEN SEIN
MAG – VERHINDERT,
DASS DIE ROSEN
IM SOMMER BLÜHEN.

→

Gräfin
René de Masny
(1872–1969)

---

19 DEZEMBER
Feel connected

Mein Baby
gehört zu mir!

Aus dem Film
Dirty Dancing

---

20 DEZEMBER
Feel connected

Heute habe ich
erst Wasser getrunken und
dann Körner gegessen.

Aus: Das Tagebuch von
Edward dem Hamster
1990–1990 von Miriam und
Ezra Elia (Fischer)

---

21 DEZEMBER
Feel connected

Das griechische Wort für
„Liebe" ist „eros", und
etymologisch ist es eng verwandt
mit dem griechischen Wort
für „Fragen stellen" – „erotao".
Mir gefällt das sehr. Es klingt
im Griechischen so kraftvoll:
Jemandem Fragen zu stellen
heißt, begierig darauf zu sein, ihn
kennenzulernen, und jemanden
kennen heißt, ihn zu lieben.

Olivia Fane in Über das
Wetter können Sie auch
noch reden, wenn Sie tot
sind (Knaur)

---

15 DEZEMBER
Spoil yourself

Ich bin altmodisch.
Ein Buch zu lesen
ist in meinen Augen
der wunderbarste
Zeitvertreib, den
die Menschheit
geschaffen hat.

Wisława Szymborska
(1923–2012), polnische
Lyrikerin

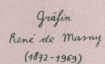

---

16 DEZEMBER
Make it simple

Never a failure.
Always a lesson.

Rihanna

---

17 DEZEMBER
Live mindfully

Wir machen uns viel
zu selten bewusst, dass
heute die Zukunft ist,
die wir uns letzten Monat
versprochen haben.

Mark Williams,
Achtsamkeitslehrer

---

11 DEZEMBER
Feel connected

Wir sehen uns an und
nirgends sonst ist Leben /
Ich zeig auf dich
und du auf mich /
Und ich sag, toll,
wie soll es jetzt weitergehen /
Und du sagst, na ja,
so wie immer,
Schritt für Schritt.

---

12 DEZEMBER
Feel connected

Es wäre so schön,
wenn irgendetwas
zur Abwechslung
mal einen Sinn
ergeben würde.

Aus: Alice im
Wunderland von
Lewis Carroll

---

13 DEZEMBER
Spoil yourself

Wofür es gut ist,
wenn man Romane liest:

* Der Abbau der Gehirn-
zellen wird um 32 Prozent
vermindert.
* Lesen vergrößert den
Wortschatz.
* Lesen entspannt.
* Lesen trägt zur persönlichen
Entwicklung bei.
* Lesen regt die Fantasie an.

Quelle: Neurology

---

14 DEZEMBER
Feel connected

Nichts ist besser,
als mit dir loszufahren /
An die tristesten Orte /
Und dich bei mir zu haben /

Um zu sehen,
dass es gut geht /
Zu sehen, dass wir gut sind /
Mit Kartoffelschnaps
und Bockwurst /
Zwischen Gartenzwergen.

Aus: Frankfurt Oder von
Bosse feat. Anna Loos

22 JANUAR
Live mindfully

Eine kleine Dankbarkeitsliste macht froh. Überlege dir vor dem Schlafengehen drei Dinge, für die du heute dankbar bist, und schreibe sie auf.

23 JANUAR
Feel connected

Verliebtsein ist wunderbar. Aber die Tatsache, dass du in jemanden verliebt bist, heißt noch lange nicht, dass du mit ihm oder mit ihr eine lange Beziehung führen könntest. Dafür müssen die Partner in mehreren Punkten gut zueinander passen und ähnliche Wünsche für ihr Leben haben. Wenn du einen Partner für eine langjährige Beziehung suchst, musst du auch deinen Verstand gebrauchen.

Pieternel Dijkstra, Sozialpsychologin

24 JANUAR
Live mindfully

Als Alternative zu einem 08/15-Deckenlampenschirm habe ich aus knallbunten Flow-Seiten unterschiedlich große Origami-Kraniche gefaltet, Nylonfäden darangeknotet und sie um die nackte Glühbirne herum arrangiert, indem ich die Fäden mit Masking-Tape an der Decke befestigt habe. Wer es nicht ganz so bunt mag, kann dazu auch Reißzwecken benutzen.

Katrin Hanisch, Flow-Bildredakteurin

25 JANUAR
Spoil yourself

Gib für ein abendliches Entspannungsbad einen Tropfen Kamillenöl und vier Tropfen Lavendelöl ins Badewasser.

26 JANUAR
Feel connected

Wenn Frauen Mut zeigen, wird das oft mit Geisteskrankheit verwechselt.

Dieser Satz datiert aus dem Jahr 1917 und stammt von dem Psychiater, der Alice Paul, eine amerikanische Frauenrechtlerin, untersucht hatte. Alice Paul war inhaftiert worden, nachdem sie vor dem Weißen Haus demonstriert hatte. Auf die Frage, ob sie geisteskrank sei, gab der Psychiater die oben stehende Antwort.

27 JANUAR
Make it simple

Aufräumen gelingt uns nicht durch Verstauen, sondern durch Loslassen.

Sanne Wallis de Vries, niederländische Schauspielerin

28 JANUAR
Feel connected

Liebe ist ein Tanz. Das eine Mal erleben wir einen Flow, das andere Mal treten wir uns gegenseitig auf die Füße. Manchmal scheint der eine Partner eine ganz andere Musik zu hören als der andere.

Sue Johnson, Paartherapeutin

29 JANUAR
Live mindfully

Furchtlose Menschen gibt es nicht. Unser Hirn ist so aufgebaut, dass wir zu unserem eigenen Schutz Furcht empfinden. Zu sagen, man habe vor nichts Angst, ist so, als würde man sagen, das eigene Gehirn funktioniere nicht richtig.

Aus: *Aufrecht durchs Leben* von Anthony Gunn (Fischer)

30 JANUAR
Feel connected

Es steckt oft mehr Geist und Scharfsinn in einem Irrtum als in einer Entdeckung.

Joseph Joubert (1754–1824), französischer Essayist

31 JANUAR
Make it simple

Nach der Lehre des Feng Shui wirkt Durcheinander kraftraubend und lenkt dich von den wirklich wichtigen Dingen im Leben ab. Sachen, die du tatsächlich benutzt und schätzt, haben dagegen eine Energie, die dich stark macht und heiter stimmt.

1 FEBRUAR
Make it simple

Wärmenden Chai-Tee selber machen:

1 Sternanis, 4 Gewürznelken, 2 TL Kardamomsamen, 1 TL schwarze Pfefferkörner, 1 TL Zimt und 1 EL Ingwerpulver im Mörser fein zermahlen. Die Mischung zusammen mit 4 TL Schwarztee in kochendes Wasser geben, 5 Minuten kochen lassen, abseihen und mit Milch und Honig verfeinern.

Aus: *Hab ich selbst gemacht* von Susanne Klingner (KiWi)

2 FEBRUAR
Feel connected

Man lernt so viel, wenn man still ist und zuhört.

Sylvia Plath (1932–1963)

7 DEZEMBER
Feel connected

Sich selbst zu lieben ist der Beginn einer lebenslangen Romanze.

Oscar Wilde (1854–1900)

8 DEZEMBER
Make it simple

In der Beschränkung zeigt sich erst der Meister.

Johann Wolfgang von Goethe (1749–1832)

9 DEZEMBER
Spoil yourself

Ich liebe Serien wie *Homeland* oder *House of Cards*. Und freue mich immer schon wie wild auf neue Folgen. Um die Vorfreude richtig auszukosten, gucke ich sie jetzt nicht mehr so schnell es geht und zwischendurch – ich verabrede mich mit meinem Mann zu einem Serienabend. Dann wird eine Flasche Wein aufgemacht, Knabberkram kommt auf den Couchtisch, und dann tauchen wir ab.

Tanja Reuschling, Flow-Redaktionsleiterin

10 DEZEMBER
Make it simple

Ich koche wahnsinnig gern, und noch lieber blättere ich stundenlang in Kochbüchern – oftmals so lange, bis ich mich nicht mehr entscheiden kann, was ich eigentlich essen will. Deshalb nehme ich mir einmal im Monat ein Lieblingskochbuch zur Hand und schlage es blind auf irgendeiner Seite auf. Und das Gericht wird dann gekocht, ohne Widerrede! Auf diese Weise habe ich schon vieles entdeckt, was ich sonst niemals ausprobiert hätte.

Wiebke Anabess Kuhn, Flow-Redakteurin

3 DEZEMBER
Live mindfully

Nicht die Dinge selbst, sondern die Meinungen über dieselben beunruhigen die Menschen.

Aus: *Handbüchlein der Moral* von Epiktet

4 DEZEMBER
Feel connected

Hingabe in der Liebe hat nichts mit innerer Unfreiheit zu tun.

Hella Haasse (1918–2011), niederländische Schriftstellerin

5 DEZEMBER
Live mindfully

Alles, was du besitzt, besitzt irgendwann dich.

Aus dem Film *Fight Club*

6 DEZEMBER
Live mindfully

In allen Hochkulturen waren Geduld, Gelassenheit, Beharrlichkeit und Langsamkeit Zeichen von Würde, Klugheit und Selbstachtung. Schnelldenker wurden dagegen gewarnt mit Worten wie „Wer schnell denkt, strauchelt leicht". Die totale Fokussierung auf Geschwindigkeit hat dieses Wissen leider völlig verdrängt.

Karlheinz Geißler, Zeitforscher

29 NOVEMBER
Live mindfully

An langen Winterabenden wird irgendwann die Puzzleplatte wieder rausgeholt. Und ein Puzzle mit einem Sehnsuchtssommermotiv. Dabei wird mir richtig warm ums Herz.

Silke Schlichting, Flow-Schlussredakteurin

30 NOVEMBER
Live mindfully

Jedes Mal, wenn man wirklich aufmerksam ist, wird etwas Böses in einem zerstört.

Simone Weil (1909–1943), französische Philosophin

1 DEZEMBER
Make it simple

Hast du häufig ein Gefühl der Ruhelosigkeit? Vielleicht ist die Beleuchtung daran schuld. Je greller das künstliche Licht ist, desto mehr Unruhe empfindet der Mensch. Wissenschaftler der University of Toronto haben nachgewiesen, dass Neonlicht den Menschen unruhig macht. Für Sonnenlicht gilt das Gegenteil. Sonne macht die Menschen freundlicher und hilfsbereiter.

Quelle: *Journal of Consumer Psychology*

2 DEZEMBER
Feel connected

Der größte Fehler, den Leute, denen es schlecht geht, machen können, ist zu sagen, es gehe ihnen gut.

Aus: *Sehr geehrter Herr M.* von Herman Koch

3 FEBRUAR
Feel connected

Ich glaube fest, dass die Natur bei allen Sorgen Trost spendet.

Anne Frank
(1929-1945)

4 FEBRUAR
Feel connected

Ohne Musik wäre das Leben ein Irrtum.

Friedrich Nietzsche
(1844-1900)

5 FEBRUAR
Make it simple

Die Lieblingsjeans würde man ja am liebsten jeden Tag anziehen. Wenn sie doch mal müffelt, stecke ich sie deshalb nicht gleich in die Waschmaschine, sondern über Nacht in die Gefriertruhe. So machen es übrigens auch Levi-Strauss-Chef Chip Bergh und Designer Tommy Hilfiger. Hat auch den Vorteil, dass Material und Farbe nicht leiden – und der Umwelt tut man auch noch was Gutes, weil man Wasser spart.

Tanja Reuschling,
Flow-Redaktionsleiterin

6 FEBRUAR
Live mindfully

How did it get so late so soon?

Dr. Seuss (1904-1991),
amerikanischer Kinderbuchautor

7 FEBRUAR
Feel connected

Gute Liebespartner sind auch bessere Eltern. Die Fähigkeiten, die wir in einer romantischen Beziehung nutzen, setzen wir auch bei der Erziehung unserer Kinder ein. Wenn du in die eine Beziehung investierst, nutzt das auch der anderen.

Quelle: *Personality and Social Psychology Bulletin*

8 FEBRUAR
Live mindfully

Ich kann den Inhalt meiner Geschichte in einem kurzen Gedicht zusammenfassen. Es ist vielleicht das kürzeste Gedicht, das jemals geschrieben wurde. Es lautet:

Ich.
Wer?

Jan Bor, Philosoph

9 FEBRUAR
Feel connected

Interessantes über Gewitter

Es werden siebenmal mehr Männer vom Blitz getroffen als Frauen.

10 FEBRUAR
Feel connected

DIE NATUR HAT KEINE EILE, DENNOCH GELANGT SIE STETS ANS ZIEL.

Laotse,
chinesischer Philosoph

11 FEBRUAR
Spoil yourself

Wann warst du zum letzten Mal Rodeln? Schau doch mal nach, ob du noch einen Schlitten auf dem Dachboden oder im Keller hast, oder ob bei deinen Eltern vielleicht noch der Schlitten aus deiner Kindheit steht. Dann hast du ihn zur Hand, sobald es schneit.

12 FEBRUAR
Live mindfully

Ich bin ein Optimist – es scheint nicht viel Sinn zu ergeben, irgendetwas anderes zu sein.

Winston Churchill
(1874-1965)

13 FEBRUAR
Feel connected

Lade deine Freunde doch mal zu einem Diary-Slam ein: Jeder bringt ein Tagebuch aus Jugendzeiten mit, und reihum werden einzelne Passagen aus den Büchern vorgelesen.

25 NOVEMBER
Live mindfully

Eine Frau muss Geld und ein eigenes Zimmer haben, um schreiben zu können.

Aus: *Ein eigenes Zimmer* von Virginia Woolf (1882–1941)

26 NOVEMBER
Make it simple

Die Menschen haben oft Angst vor großen Katastrophen, dabei verändern meistens kleine, ganz alltägliche Ereignisse unser Befinden von einem Moment auf den anderen. Ein Verkehrsstau, ein Telefonat mit der Mutter. Während wir bei großen Problemen sofort über eine Lösung nachdenken, lassen wir kleine Probleme auf sich beruhen. Das sollten wir ändern. Nicht grübeln, sondern handeln.

27 NOVEMBER
Feel connected

Nicht was die Menschen erzählen, macht sie verletzlich, sondern die Verletzlichkeit erwächst aus dem, was sie verstecken.

Isabel Allende, chilenische Schriftstellerin

28 NOVEMBER
Spoil yourself

Fotos von Essen auf Instagram posten kann jeder. Michelle Tribouillier malt Obst, Nudeln und Eis fröhliche Gesichter – einer unserer allerliebsten Instagram-Accounts, weil er richtig gute Laune macht: instagram.com/ yummyyummyyummy.food

21 NOVEMBER
Live mindfully

Schreibe Kränkungen in den Sand, Wohltaten in Marmor.

Orientalische Redensart

22 NOVEMBER
Live mindfully

Eine Zimmerpflanze erhöht die Kreativität um gut 45 Prozent. Wissenschaftler der University of Exeter haben herausgefunden, dass ein bisschen Grün in der Wohnung glücklicher, kreativer und produktiver macht.

23 NOVEMBER
Make it simple

Du musst eine schwierige Entscheidung treffen? Schlafe eine Nacht darüber.

24 NOVEMBER
Feel connected

Ich liebe es, in der vollen U-Bahn zu sitzen, Musik zu hören und mir die Menschen um mich herum anzugucken. Manchmal quillt mir dann einfach das Herz über, weil ich spüre, dass ich hier, in diesem Augenblick, in meinem Leben genau richtig bin.

Sinja Schütte, Flow-Chefredakteurin

17 NOVEMBER
Feel connected

Die besten Ärzte der Welt sind die Natur, die Zeit und die Geduld.

Bulgarisches Sprichwort

18 NOVEMBER
Live mindfully

Lotteriegewinner sind ein Jahr später im Durchschnitt nicht glücklicher als Menschen, die eine Querschnittslähmung erlitten haben. Schöne Erlebnisse machen für kurze Zeit glücklicher, allerdings sinkt das Glücksempfinden schnell wieder auf das für die Person normale Niveau. Dieser Mechanismus sorgt dafür, dass man auch nach einem sehr negativen Erlebnis irgendwann wieder ein glücklicher Mensch sein kann.

Aus: *Glücklich sein* von Sonja Lyubomirsky

19 NOVEMBER
Feel connected

Being with you and not being with you is the only way I have to measure time.

Jorge Luis Borges (1899–1986), argentinischer Schriftsteller

20 NOVEMBER
Spoil yourself

Wenn du eine To-do-Liste führst, solltest du auch Zeit für dich selbst auf die Liste setzen.

14 FEBRUAR
Make it simple

Zwei-Minuten-Arbeit:
Suche alle deine
Plastiktüten zusammen
und wirf die meisten
davon weg.

15 FEBRUAR
Make it simple

Essen Sie keine Lebensmittel,
die an Orten hergestellt
wurden, an denen jeder eine
Chirurgenhaube tragen muss.

Aus: *Essen Sie nichts,
was Ihre Großmutter nicht
als Essen erkannt hätte* von
Michael Pollan (Kunstmann)

16 FEBRUAR
Spoil yourself

Ich habe
lieber Rosen
auf dem Tisch
als Diamanten
um den Hals.

Emma Goldman
(1869 – 1940)

17 FEBRUAR
Live mindfully

Einer deiner größten Feinde
ist Selbstkritik – diese hinter-
hältige Stimme in deinem Kopf,
die behauptet, dass du nichts
wert bist. Da sich diese Stimme
immer wieder meldet und sehr
hartnäckig ist, meinst du, dass
sie recht hat. Hat sie aber nicht.
Dieser innere Kritiker dramatisiert
und übertreibt. Nimm nicht
so ernst, was er sagt.

Aus: *Boost Your Confidence*
von Melanie Fennell

18 FEBRUAR
Live mindfully

Ein Mittagessen
am Schreibtisch
ist keine Pause.
Ein kurzer
Spaziergang schon.

19 FEBRUAR
Live mindfully

Die Menschen suchen
sich Orte, an die
sie sich zurückziehen
können – auf dem Land,
am Meer, im Gebirge.
Aber es gibt keinen
ruhigeren und sorgen-
freieren Ort als die
eigene Seele.

Mark Aurel
(121–180 n. Chr.),
römischer Kaiser

20 FEBRUAR
Make it simple

Wenn du gern Kürbis
magst, dann löse das
Fruchtfleisch sauber
von den Kernen und
trockne die Kerne auf
einem Stück Küchen-
papier. Im Frühjahr
kannst du sie dann
aussäen und bald neue
Kürbisse ernten.

21 FEBRUAR
Make it simple

Verschwende nicht
eine Minute mit
Gedanken an Leute,
die du nicht magst.

Dwight D. Eisenhower
(1890–1969),
amerikanischer Politiker

22 FEBRUAR
Live mindfully

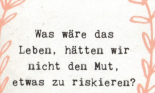

Was wäre das
Leben, hätten wir
nicht den Mut,
etwas zu riskieren?

Vincent van Gogh
(1853–1890)

23 FEBRUAR
Spoil yourself

Anstelle von Dingen
kann man sich auch mal
Momente als Geschenk
wünschen. Zum Beispiel
ein gemeinsames Abendessen
oder Hilfe beim Streichen
der Wohnzimmerwände.

24 FEBRUAR
Feel connected

Wissenschaftler der
University of North Carolina
haben herausgefunden,
wie belebend es für
Beziehungen ist, sich dankbar
zu fühlen – und auch zu
zeigen. Selbst Paare, die
schon 20 Jahre zusammen
sind, werden glücklicher,
wenn sie öfter und bewusster
daran denken, wie gut sie
es miteinander haben.

25 FEBRUAR
Live mindfully

Ich mag „One line a day"-
Tagebücher: Jeden Abend
nehme ich mir einen ruhigen
Moment nur für mich und
versuche, den Tag in einem Satz
zusammenzufassen (gar nicht
so einfach!). Besonders schön
ist das türkisfarbene Exemplar
von Chronicle Books, außerdem
bietet es Platz für fünf Jahre –
so kann man jeden Tag sehen,
wie das Vorjahr bzw. die Jahre
zuvor gewesen sind.

Wiebke Anabess Kuhn,
Flow-Redakteurin

13 NOVEMBER
Feel connected

♥ ♥ ♥

Wenn jemand fragt,
wohin du gehst /
Sag nach Bologna /
Wenn jemand fragt,
wofür du stehst /
Sag für Amore, Amore.

Aus: *Bologna von Wanda*

♥ ♥ ♥

14 NOVEMBER
Live mindfully

Zeit ist das Wertvollste,
was ein Mensch
aufwenden kann.

Diogenes Laertios,
griechischer
Philosophiehistoriker

15 NOVEMBER
Feel connected

Sage nicht, dass
der Wald, der dir
Zuflucht geboten
hat, nur ein
kleiner Hain war.

Afrikanische
Redensart

16 NOVEMBER
Live mindfully

Der althergebrachte Rat, dass
man bis zehn zählen soll, wenn
man sich ärgert, kann Wut noch
verstärken. Du richtest deine Aufmerksamkeit
dann nämlich auf die
Situation, die deine Wut entfacht
hat. Am besten funktioniert die
Fliege-an-der-Wand-Methode.
Du musst dir vorstellen, eine
Fliege an der Wand zu sein, und
dich aus dieser Perspektive
betrachten. Durch diese Selbstdistanzierung
lässt deine Wut nach.

Quelle: *Journal of
Experimental Social Psychology*

10 NOVEMBER
Live mindfully

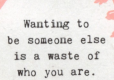

Wanting to
be someone else
is a waste of
who you are.

Kurt Cobain
(1967-1994)

11 NOVEMBER
Feel connected

One day
I will find
the right words,
and they will
be simple.

Aus: *The Dharma Bums*
von Jack Kerouac

12 NOVEMBER
Make it simple

Vielleicht liegt das
Glück in den ganz
einfachen Dingen
dieser Welt.

Hubert Lampo (1920–2006),
flämischer Schriftsteller

6 NOVEMBER
Spoil yourself

Jede Woche 2,5 Stunden
Bewegung – das sind
ungefähr 20 Minuten pro
Tag – haben einen
positiven Einfluss auf
dein Selbstvertrauen
und auf deine Konzentrationsfähigkeit.

7 NOVEMBER
Live mindfully

Den größten Teil des Tages
leben wir im Autopilot-Modus.
Wenn wir ab und zu
innehalten und kurz darüber
nachdenken, was wir als
Nächstes tun möchten, tun
wir mehr Dinge, die uns
wirklich wichtig sind.

8 NOVEMBER
Feel connected

Wir sitzen bei Flow alle zusammen
in einem Büro. Und weil wir uns
alle mögen und auch eine Menge
zu besprechen haben, wird oft
ganz schön viel geredet. Das ist
toll, aber auch schwierig, weil man
immer wieder rausgerissen wird
aus dem, was man gerade tut.
Deshalb trinken wir jetzt morgens
gemeinsam einen Kaffee – und
danach ist erst mal Stillarbeit
angesagt bis zur Mittagspause.
Das hilft, sich zu fokussieren.

Anne Otto,
Flow-Redakteurin

9 NOVEMBER
Live mindfully

Benutze den Atem als
Anker, als etwas,
zu dem du immer wieder
zurückkehren kannst.
Du hast den Atem auch
immer bei dir, du
kannst ihn morgens nicht
auf dem Nachttisch
liegen lassen.

Edel Maex,
Achtsamkeitstrainer

26 FEBRUAR
Make it simple

Organisieren kostet Zeit.
Nicht organisieren kostet viel Zeit.

Erika Nijhof,
Aufräumcoach

27 FEBRUAR
Feel connected

ERFAHRE DIE NATUR WIE EIN DRACHEN IM WIND

Tao Meng, Philosoph

28 FEBRUAR
Feel connected

Gemeinsame Erinnerungen sind manchmal die besten Friedensstifter.

Marcel Proust
(1871–1922)

29 FEBRUAR
Feel connected

Wir wollten alle Rituale vergessen, und wir wollten uns irgendeinem Wahnsinn ausliefern. Wir wollten auf Tuchfühlung mit einer Katastrophe gehen, um vielleicht etwas zu erringen, was wir vorher so noch nicht hatten.

Regisseur Sebastian Schipper über seinen Film Victoria

1 MÄRZ
Live mindfully

Gestresst?
Wissenschaftler der schwedischen Universität Lund haben herausgefunden, dass es gut ist, wenn man ab und zu mit dem Rad fährt anstatt mit dem Auto. Eine Untersuchung unter 12 000 Arbeitnehmern hat ergeben, dass Menschen, die mit dem Auto oder öffentlichen Verkehrsmitteln zur Arbeit fahren, viel häufiger unter Stress und Erschöpfung leiden als ihre Kollegen, die zu Fuß oder mit dem Rad kommen.

2 MÄRZ
Feel connected

Nach einem guten Essen ist man bereit, jedem zu verzeihen, selbst den eigenen Verwandten.

Oscar Wilde
(1854–1900)

3 MÄRZ
Spoil yourself

Einer Studie zufolge macht schon ein Workout von nur 60 Sekunden fitter. Probanden mussten auf dem Ergometer sechs Sekunden auf höchster Stufe in die Pedale treten, dann eine Minute ausruhen und wieder sechs Sekunden auf höchster Stufe treten. Dies mussten sie insgesamt zehnmal wiederholen.

Quelle: *Applied Physiology, Nutrition and Metabolism*

4 MÄRZ
Feel connected

Wie schön ist es, dass man nicht eine Sekunde warten muss, um damit zu beginnen, die Welt zu verbessern.

Anne Frank
(1929–1945)

5 MÄRZ
Live mindfully

Ersetze blockierende Gedanken (etwa: „Ich kann es eben nicht") durch unterstützende Gedanken (wie zum Beispiel: „Jeder macht mal einen Fehler").

6 MÄRZ
Make it simple

Erledige immer eine Sache nach der anderen. Multitasking führt zu Stress, Unruhe und Konzentrationsverlust, weil du ständig gedanklich hin- und herschalten musst.

7 MÄRZ
Spoil yourself

Märchen sind mehr als nur wahr – nicht deshalb, weil sie uns sagen, dass es Drachen gibt, sondern weil sie uns sagen, dass man Drachen besiegen kann.

Aus: *Coraline*
von Neil Gaiman (Arena)

8 MÄRZ
Make it simple

Oft sind die Schmerzen, die wir dadurch empfinden, dass wir etwas aufschieben, genauso schlimm oder sogar schlimmer als die, die wir durch Handeln in Kauf nehmen müssten. Je eher wir uns dem Unbehagen stellen, desto eher wird es abklingen.

Aus: *Aufrecht durchs Leben* von Anthony Gunn (Fischer)

3 NOVEMBER
Make it simple

Seitdem ich zum ersten Mal ein sogenanntes No knead bread gebacken habe, kommt mir kein gekauftes Brot mehr ins Haus. Es ist kinderleicht und schmeckt einfach fantastisch! Im Netz gibt es unzählige Rezepte, das meiner Meinung nach beste und unkomplizierteste findest du im Blog von Isabel Bogdan: isabelbogdan.de/2011/02/24/brot

Wiebke Anabess Kuhn,
Flow-Redakteurin

4 NOVEMBER
Feel connected

A rechte Sternstunde war's, oder Spatzl?

Aus der Fernsehserie
Monaco Franze

5 NOVEMBER
Live mindfully

Es regnet? Sei wieder Kind, ziehe Regenhosen und eine Regenjacke an, schöne Gummistiefel – und springe in jede Pfütze, die du finden kannst.

30 OKTOBER
Live mindfully

Bei allem stellt sich ein Gewöhnungseffekt ein, das gilt auch für den Traumjob oder den einst heißbegehrten Partner. Tu etwas gegen Alltagstrott und Langeweile: Stell dir immer mal wieder vor, wie es vorher war. Tu einen Tag lang so, als ob es der letzte Tag wäre, den du arbeitest oder mit deiner Familie zusammenlebst.

31 OKTOBER
Feel connected

Ahme den Gang der Natur nach. Ihr Geheimnis ist Geduld.

Ralph Waldo Emerson
(1803 – 1882)

1 NOVEMBER
Live mindfully

Seit 1994 ist der heutige Tag Weltvegantag (international: World Vegan Day). Unser liebster Veganblog mit sensationellen Rezepten ist der von Nadine und Jörg aus Ulm: eat-this.org

2 NOVEMBER
Feel connected

We learned more
from a three minute
record /
Than we ever learned
in school.

Aus: *No Surrender* von
Bruce Springsteen

26 OKTOBER
Make it simple

Die Zeit reicht nicht, um alles machen zu können. Gerade diese Gewissheit hat etwas sehr Entspannendes.

Yvonne de Bruin,
Aufräumcoach

27 OKTOBER
Spoil yourself

Wenn du immer das tust, was du möchtest, ist wenigstens schon mal ein Mensch glücklich.

Katharine Hepburn
(1907-2003)

28 OKTOBER
Spoil yourself

Die fünf besten Romane für Tage unter der Bettdecke:

* *Das Geisterhaus* von Isabel Allende
* *Drachenläufer* von Khaled Hosseini
* *1Q84* von Haruki Murakami
* *Der Schatten des Windes* von Carlos Ruiz Zafón
* *Das Licht zwischen den Meeren* von M. L. Stedman

29 OKTOBER
Live mindfully

Das Gedächtnis ist das Tagebuch, das wir immer mit uns herumtragen.

Oscar Wilde
(1854-1900)

9 MÄRZ
Make it simple

Das Problem ist, dass wir uns in unserer Elternrolle zu viel anstrengen, nicht zu wenig. Indem wir uns ständig einmischen, nehmen wir dem Kind die Möglichkeit, selbst erwachsen zu werden und selbst zu lernen.

Aus: *Leitfaden für faule Eltern* von Tom Hodgkinson (rororo)

10 MÄRZ
Live mindfully

Nicht jeder, der ziellos umherstreift, hat sich verirrt.

J.R.R. Tolkien (1892–1973)

11 MÄRZ
Live mindfully

Auch ein König ist nur ein Kind seiner Mutter.

Indische Weisheit

12 MÄRZ
Make it simple

Nein ist mehr als ein Wort. Nein ist eine Macht. Sie schützt unsere Grenzen und schenkt uns Zeit für all das Schöne, das wir unternehmen möchten.

Aus: *Das Leben ist keine To-do-Liste* von Shirley Seul (Kailash)

13 MÄRZ
Make it simple

Du hast aus Versehen die Suppe oder Sauce versalzen? Füge eine klein geschnittene rohe Kartoffel hinzu, die bindet das Salz. Vor dem Servieren solltest du die Kartoffelstücke wieder herausnehmen.

14 MÄRZ
Live mindfully

Du bist gestresst und brauchst eine kleine Pause? Zünde eine Kerze an und schaue etwa eine Minute lang in die Flamme. Achte auf die Farben, auf die Form, lasse dich vom faszinierenden Licht beruhigen. Puste die Kerze dann aus und schaue so lange dem aufsteigenden Rauch nach, bis er sich vollständig aufgelöst hat.

Aus: *Gelassenheit to go* von Ashley Bush (Knaur)

15 MÄRZ
Feel connected

Der Sinn des Lebens besteht nicht darin, ein erfolgreicher Mensch zu sein, sondern ein wertvoller.

Albert Einstein (1879–1955)

16 MÄRZ
Live mindfully

Nach einem anstrengenden Tag entspanne ich am liebsten und effektivsten, indem ich mich auf mein Sofa lege und alte Billie-Holiday-Platten höre. Einen ähnlichen Effekt haben auf mich Hörspielkassetten mit Grimms Märchen – und zwar die alten aus meiner Kindheit.

Katrin Hanisch, Flow-Bildredakteurin

17 MÄRZ
Feel connected

WIR KÖNNEN NICHT VERHINDERN, DASS GEDANKEN WIE SCHWARZE VÖGEL ÜBER UNSEREM KOPF KREISEN. DOCH WIR KÖNNEN VERHINDERN, DASS SIE IN UNSEREM HAAR NESTER BAUEN.

CHINESISCHES SPRICHWORT

18 MÄRZ
Make it simple

Bäume sind Gedichte, die die Erde in den Himmel schreibt.

Khalil Gibran (1883–1931), libanesisch-amerikanischer Philosoph

19 MÄRZ
Make it simple

Hübsche Unterscheidungshilfe im Schlüsselbund-Chaos: Einfach die Schlüsselköpfe mit unterschiedlichen Nagellackfarben bemalen. Pink-Gelb gestreift öffnet die Wohnungstür, Glitzergrün das Fahrradschloss, Neonorange mit weißen Punkten das Büro.

Eva-Maria Kowalczyk, Flow-Grafikerin

20 MÄRZ
Live mindfully

Die Arbeit läuft dir nicht davon, wenn du deinem Kind den Regenbogen zeigst. Aber der Regenbogen wartet nicht, bis du mit der Arbeit fertig bist.

Chinesische Weisheit

22 OKTOBER
Live mindfully

Manchmal ist der Druck von Vergangenheit und Zukunft von beiden Seiten so stark, dass mir absolut kein Raum für die Gegenwart zu bleiben scheint.

Aus: *Wiedersehen mit Brideshead* von Evelyn Waugh

23 OKTOBER
Live mindfully

Der Mensch fühlt sich am wohlsten, wenn er mit seinen Gedanken im Jetzt ist, ungeachtet der Situation, in der er sich gerade befindet. In einer Studie der Harvard University bekamen Testpersonen eine SMS mit der Frage, wo sie im Moment mit ihren Gedanken seien und wie sie sich fühlten. Die Probanden, deren Aufmerksamkeit auf das Jetzt gerichtet war, fühlten sich am besten, auch wenn sie sich in einer Situation befanden, die nicht angenehm war.

24 OKTOBER
Live mindfully

Erst im tiefsten Winter erkannte ich, dass in meinem Innern ein unbesiegbarer Sommer herrschte.

Albert Camus (1913–1960), französischer Schriftsteller und Philosoph

25 OKTOBER
Spoil yourself

Ein angenehmes Kribbeln auf der Haut, ein warmes Gefühl ums Herz: Beim Lesen eines schönen Romans tut sich etwas in deinem Gehirn. Wissenschaftler der University of Exeter haben herausgefunden, dass bei der Lektüre einer bevorzugten Textpassage die Gedächtnisareale im Gehirn aktiver sind als das Lesezentrum. Auch die für Selbstreflexion und Gefühle zuständigen Hirnareale werden stimuliert.

Quelle: *Journal of Consciousness Studies*

18 OKTOBER
Feel connected

Ich liebe die Frühlingsmorgen, die Nachmittage im Herbst, die Winterabende und die Sommernächte.

Maurice Chapelan (1906–1992)

19 OKTOBER
Make it simple

Own less. Live more.

20 OKTOBER
Feel connected

Die meisten meiner Freunde sind über ganz Deutschland verteilt, und oft denke ich: Mensch, wir haben viel zu lange nicht gesprochen. Deshalb mein neues Ritual: Wenn in den sozialen Medien irgendwo etwas aufpoppt, sei es, jemand postet ein Foto vom Grillabend oder ändert seine Jobbezeichnung, dann greife ich zum Telefon. Meist ist die Freude groß – und auch wenn man nur 10 Minuten quatscht, hält das Gefühl, verbunden zu sein, lange an.

Maja Beckers, Flow-Autorin

21 OKTOBER
Make it simple

Plane das Schwierige da, wo es noch leicht ist. Beginne eine heiße Suppe vom Rand aus zu essen. Alles Schwierige auf der Welt beginnt als Leichtes. Alles Große auf der Welt beginnt als Kleines.

Laotse, chinesischer Philosoph

14 OKTOBER
Live mindfully

Egal wie stressig der Tag ist – ich versuche immer, eine richtige Mittagspause zu machen. Ich brauche das, um zwischendurch mal runterzukommen und mich zu sammeln. Und danach bin ich wieder voll konzentriert und schaffe mein Pensum eher, als wenn ich nur schnell was am Computer esse.

Anne Otto, Flow-Redakteurin

15 OKTOBER
Live mindfully

Wage es, die Person am Wegesrand zu sein, die sagt, dass der Kaiser keine Kleider anhat.

Connie Palmen

16 OKTOBER
Feel connected

Schenk du uns die Drinks ein / Ich schütte dir mein Herz aus.

Aus: *Erwischt* von Gisbert zu Knyphausen

17 OKTOBER
Live mindfully

Wenn deine Gedanken ständig um eine unangenehme Sache kreisen und du sie nicht stoppen kannst, denke an etwas völlig Irrelevantes: Wie warst du in dem betreffenden Moment angezogen? Wie war das Wetter? Wissenschaftler von der University of Illinois haben entdeckt, dass die negativen Gefühle im Zusammenhang mit einer Erinnerung verschwinden, wenn man sich den Kontext der unangenehmen Erinnerung ins Gedächtnis zurückruft.

21 MÄRZ
Live mindfully

Life can be really better with less, if what's left is what you love.

Leo Babauta, Zen-Lehrer

22 MÄRZ
Spoil yourself

Tiere sind die besten Freunde. Sie stellen keine Fragen und kritisieren nicht.

Mark Twain (1835–1910)

23 MÄRZ
Spoil yourself

Tagträume sind besser als ihr Ruf: Untersuchungen von Forschern der Universität von Wisconsin und dem Max-Planck-Institut für Kognitions- und Neurowissenschaften haben ergeben, dass Tagträume die Gedächtnisleistung verbessern – besonders das Konzentrationsvermögen und die Fähigkeit, gespeicherte Informationen abzurufen.

24 MÄRZ
Make it simple

Den Papierstapeln auf deinem Schreibtisch kannst du mit dem FAT-System zu Leibe rücken: Mache drei Stapel: FILE (abheften), ACT (erledigen), TOSS (wegwerfen). Jedes Blatt solltest du nur einmal anfassen.

25 MÄRZ
Live mindfully

Was ich an der Vergangenheit so gut finde: dass sie vorbei ist.

Byron Katie, amerikanische Autorin

26 MÄRZ
Feel connected

Trees are always a relief, after people.

DAVID MITCHELL, SCHRIFTSTELLER

27 MÄRZ
Live mindfully

Every bad situation is a blues song waiting to happen.

Amy Winehouse (1983–2011)

28 MÄRZ
Feel connected

Lass uns die Wolke vier bitte nie mehr verlassen / Weil wir auf Wolke sieben viel zu viel verpassen / Ich war da schon ein Mal, bin zu tief gefallen / Lieber Wolke vier mit dir als unten wieder ganz allein.

Aus: *Wolke 4* von Philipp Dittberner & Marv

29 MÄRZ
Feel connected

Jeder Moment ist anders als der vorige Moment. Das gilt auch für eine Beziehung. Du musst den Moment nur wahrnehmen. Wenn dir das gelingt, wird deine Beziehung nie langweilig.

Pieternel Dijkstra, Sozialpsychologin

30 MÄRZ
Feel connected

Geschenke zu machen darf sich ein junger Herr Damen gegenüber nur in Ausnahmefällen erlauben. Ausgenommen sind Blumen und, ist man befreundet, Bonbonnieren in schöner Form.

Aus: *Wie soll ich mich benehmen?* von J. von Wedell aus dem Jahr 1897

31 MÄRZ
Make it simple

Du hast das Buch erst im vorigen Monat gelesen, doch erinnerst dich jetzt schon nicht mehr an das Ende? Dann führe doch ein Lesetagebuch: Kaufe dir ein schönes Notizbuch, in dem du jedem Buch, das du liest, eine Seite widmest. Schreibe eine kurze Inhaltsangabe, notiere dir, wann du es gelesen hast, warum du es gekauft oder von wem du es geschenkt bekommen hast, gib dem Buch eine Note usw.

10 OKTOBER
Feel connected

If you're lost you can look
and you will find me /
Time after time /
If you fall I will catch you,
I'll be waiting /
Time after time.

Aus: *Time After Time*
von Cyndi Lauper

---

11 OKTOBER
Live mindfully

Nirgendwo habe
ich mehr Ruhe
gefunden als
in Wäldern
und in Büchern.

Thomas von Kempen
(ca. 1380 - 1471)

---

12 OKTOBER
Feel connected

Erinnerungen
verblassen,
doch Worte
bleiben ewig.

Daniel H. Wilson,
amerikanischer
Schriftsteller

---

13 OKTOBER
Make it simple

Das Bild, wie eine Nadel in die Haut gestochen wird, verstärkt den Schmerz einer Injektion, behaupten Berliner Wissenschaftler. Alles, worauf man seine Aufmerksamkeit lenkt, wird verstärkt. Während einer schmerzhaften medizinischen Behandlung sollte man seine Aufmerksamkeit also lieber auf etwas anderes lenken. Wenn sich das Nervensystem auf andere Dinge konzentriert, dann bleibt weniger Raum für ein Schmerzsignal.

---

7 OKTOBER
Make it simple

Hunde spiegeln das Befinden ihres Herrchens oder Frauchens wider. Das Verhalten eines Hundes kann also ein Hinweis darauf sein, dass es seinem Herrchen oder Frauchen nicht gut geht.

---

8 OKTOBER
Feel connected

Ein freundliches
Wort kostet nichts,
und dennoch ist es
das Schönste
aller Geschenke.

Daphne du Maurier
(1907-1989), britische
Schriftstellerin

---

9 OKTOBER
Live mindfully

Wenn du in fünf Jahren immer noch das Gleiche tust oder in der gleichen Situation bist wie jetzt, also mit der gleichen Arbeit, denselben Freunden und demselben Partner: Wie fühlst du dich bei diesem Gedanken? Gibt dir das ein Gefühl der Zufriedenheit, oder schnürt es dir eher die Luft ab? Dies ist ein Gradmesser, nach dem du bestimmen kannst, ob du etwas verändern solltest.

---

3 OKTOBER
Live mindfully

Stille,
du bist das Beste
von allem,
das ich je gehört.

Boris Pasternak
(1890-1960),
russischer
Schriftsteller

---

4 OKTOBER
Feel connected

Zeit, die man mit
Katzen verbringt, ist
niemals verschwendet.

Colette (1873-1954),
französische Schriftstellerin

---

5 OKTOBER
Live mindfully

So lästig Laubharken im Herbst ist: Wenn ich dann wieder in die warme Stube komme und beim Teetrinken ganz rote Wangen kriege, freue ich mich über die goldene Jahreszeit.

Silke Schlichting,
Flow-Schlussredakteurin

---

6 OKTOBER
Live mindfully

Woran denkst
du, wenn du an
etwas Schönes
denken möchtest?

1 APRIL
Make it simple

Alles Wissenswerte über die Gewinnung und Aufbewahrung von Saatgut, übers Säen und Tipps zu empfehlenswerten Gemüsesorten, Blumen und Exoten findest du auf dieser Seite: hausgarten.net/pflanzen/samen.html

2 APRIL
Make it simple

Urlaub mit Freunden kann großartig sein – aber auch schwer in die Hose gehen. Und da ich mit meiner Familie in der Regel nur einen großen Urlaub im Jahr mache, gehen wir auf Nummer sicher: Wir fahren seit Jahren immer gemeinsam mit derselben Familie. Wir Eltern sind ein eingespieltes Team, und die Kinder verstehen sich super.

Anne Otto,
Flow-Redakteurin

3 APRIL
Live mindfully

Glück ist kein Lebensprinzip, sondern ein Zustand. Etwas, das uns zufällt, eine Art Zugabe. Anders als Erfolg kann man es nicht erreichen, indem man danach strebt. Wenn man es erzwingt, wenn man darauf besteht, hat man es schon verloren.

Antoine Mooij,
niederländischer Philosoph

4 APRIL
Live mindfully

Viele Menschen versäumen das kleine Glück, während sie auf das große vergebens warten.

Pearl S. Buck
(1892–1973),
amerikanische Autorin

5 APRIL
Make it simple

Wer seinem Tag bewusst Struktur gibt, spart Zeit, denn er arbeitet konzentrierter. Er gewinnt auch Energie, weil er nicht täglich erneut entscheiden muss, wie er den Tag gestaltet.

Pater Anselm Grün

6 APRIL
Spoil yourself

Spazierengehen ist vertikales Faulenzen.

Toon Hermans
(1916–2000),
niederländischer Kabarettist

7 APRIL
Live mindfully

Wie „perfekt" wäre dein Leben, wenn du nicht so perfektionistisch wärst?

8 APRIL
Make it simple

PROBLEME musst du aufschieben, dann lösen sie sich meist von allein.

Simon Carmiggelt
(1913–1987)

9 APRIL
Spoil yourself

A lot of people are afraid to say what they want. That's why they don't get what they want.

Madonna

10 APRIL
Feel connected

Geteilter Stress ist halber Stress, haben Wissenschaftler der USC Marshall School of Business herausgefunden. Wer etwa vor einer Präsentation im Job nervös ist, sollte mit jemandem darüber reden, der in einer solchen Situation eine vergleichbare emotionale Reaktion zeigt. Das Gefühl, dass man nicht der Einzige ist, der diese Schwäche hat, beruhigt die Nerven enorm.

11 APRIL
Feel connected

Liebe ist das Einzige, was wächst, indem wir es verschwenden.

Ricarda Huch
(1864–1947),
Schriftstellerin

12 APRIL
Live mindfully

Nie habe ich mehr zu tun als in meiner freien Zeit.

Marcus Tullius Cicero
(106–43 v. Chr.),
römischer Philosoph

29 SEPTEMBER
Feel connected

Im Herbst solltest du noch etwas Laub im Garten liegen lassen, nach Möglichkeit auch Grünschnitt, zu kleinen Haufen zusammengeharkt. Darin können Igel ihren Winterschlaf halten und Hummelköniginnen und Schmetterlinge überwintern. Der Boden unter dem Haufen wird automatisch mit Nährstoffen angereichert.

30 SEPTEMBER
Live mindfully

Im Oktober könntest du es ausprobieren: Einen Monat lang nichts Neues kaufen. Lass dich inspirieren und google „Buy nothing new", dann findest du viele Seiten von Menschen, die sich weltweit dieser Challenge stellen und darüber bloggen.

1 OKTOBER
Spoil yourself

Alle wahrhaft großen Gedanken kommen einem beim Gehen.

Friedrich Nietzsche
(1844–1900)

2 OKTOBER
Spoil yourself

Ob ich morgen leben werde, weiß ich freilich nicht. Aber dass ich, wenn ich morgen lebe, Tee trinken werde, weiß ich gewiss.

Gotthold Ephraim Lessing
(1729–1781)

25 SEPTEMBER
Feel connected

Grün ist gesund für Geist und Körper, aber wir sind nicht jeden Tag draußen in der Natur. Agnes van den Berg, die an der Reichsuniversität Groningen Landschafts- und Naturerleben lehrt, sagte vor Kurzem in der niederländischen Tageszeitung *Trouw*: „Ich betrachte es als Aufgabe des Staates, Grünflächen und alle anderen Anpflanzungen in Städten und Gemeinden zu schützen. Meiner Meinung nach sind sie wichtiger als Naturschutzgebiete."

26 SEPTEMBER
Spoil yourself

Esskastanien rösten:

1. Backofen auf 200 Grad vorheizen.
2. Die harte braune Hülle der Esskastanie auf der gewölbten Seite mit einem Messer kreuzförmig einritzen.
3. Ca. 10 Minuten in den Backofen legen, bis die braune Hülle aufplatzt.

27 SEPTEMBER
Feel connected

Und ich sitze hier am Fenster /
Schau den Autos zu /
Streichle die Katzen /
Und denke, das wärst du /
Ich sitze hier am Ofen /
Und schaue in das Buch /
Versuch die Worte zu entziffern /
Doch es bleibt bei dem Versuch /
Leg mich auf mein Bett /
Und bin weit von hier /
Mach die Augen auf /
Und seh dich vor mir.

Aus: *Herbst* von Rio Reiser

28 SEPTEMBER
Live mindfully

Der Splitter in deinem Auge ist das beste Vergrößerungsglas.

Theodor W. Adorno
(1903–1969)

21 SEPTEMBER
Live mindfully

Tratschen hat auch einen positiven Effekt. Es stärkt das Wirgefühl. Aber Vorsicht: Wissenschaftler der University of Baltimore haben herausgefunden, dass man sich durch Lästern leicht selbst ins Abseits befördern kann. Klatschtanten werden in einem Freundeskreis zwar geduldet, weil jeder Angst hat, etwas zu verpassen, allerdings werden sie auf Abstand gehalten. Einfach deswegen, weil sie als weniger vertrauenswürdig empfunden werden.

22 SEPTEMBER
Feel connected

Die Natur betrügt uns nie. Wir sind es immer, die sich selbst betrügen.

Jean-Jacques Rousseau
(1712–1778), französischer Philosoph und Pädagoge

23 SEPTEMBER
Feel connected

Manchmal kaufe ich mir eine Schale Pfifferlinge auf dem Markt. Zu Hause beim Putzen erinnere mich dann an die Urlaube meiner Kindheit, als wir sie auf unseren Wanderungen wild gesammelt und anschließend noch frisch aus der Pfanne gegessen haben. Damals habe ich mich vorm Putzen allerdings immer gedrückt.

Silke Schlichting,
Flow-Schlussredakteurin

24 SEPTEMBER
Live mindfully

You're never fully dressed without a smile.

Song aus dem Broadway-Musical *Annie*

13 APRIL
Make it simple

Wenn man Wäsche zum Trocknen draußen aufhängt, riecht sie besser. Das liegt an der Photolyse. Sonnenlicht zerstört die Verbindungen, die Gerüche verursachen.

---

14 APRIL
Live mindfully

TO PLANT A GARDEN IS TO BELIEVE IN TOMORROW.

Audrey Hepburn (1929–1993)

---

15 APRIL
Feel connected

Das Leben ist wie Radfahren. Du fällst nicht, solange du in die Pedale trittst.

Claude Pepper (1900–1989), amerikanischer Politiker

---

16 APRIL
Live mindfully

Der amerikanische Publizist Dan Buettner ist durch die ganze Welt gereist und fand Orte, wo die Menschen noch in sehr hohem Alter gesund und vital waren. Er sprach mit zahlreichen über 100-Jährigen. Es ist ihm aufgefallen, dass nicht ein einziger Grantler darunter war. Freundliche alte Menschen haben ein gutes soziales Netzwerk, bekommen mehr Besuch und Hilfe von anderen. Sie haben weniger Stress und verfolgen noch Ziele im Leben.

---

17 APRIL
Feel connected

Je mehr wir uns mit anderen verbunden fühlen, desto gesünder ist unser Herz. Jede Art von Interaktion ist positiv für uns, das gilt sogar dann, wenn man einer völlig fremden Person auf der Straße hilft, zum Beispiel ihr den Weg erklärt. Es sind Momente, die einem selbst und dem Gegenüber Energie geben. Die einzige Voraussetzung ist, dass wir offen dafür sein müssen.

Barbara Fredrickson, amerikanische Psychologin

---

18 APRIL
Feel connected

Nur wenn man liebt, kann man lernen zu lieben.

Iris Murdoch (1919–1999), britische Philosophin

---

19 APRIL
Make it simple

Wenn der Fußboden mal wieder gründlich geputzt werden muss, verwende am besten zwei Eimer, einen mit heißer Seifenlauge und einen mit klarem Wasser. So kannst du immer mit sauberem Wasser nachwischen und brauchst nicht hin und her zu laufen, um frisches Wasser zu holen.

---

20 APRIL
Live mindfully

Wohin noch mag mein Weg mich führen? Närrisch ist er, dieser Weg, er geht in Schleifen, er geht vielleicht im Kreise. Mag er gehen, wie er will, ich will ihn gehen.

Aus: *Siddharta* von Hermann Hesse (1877–1962)

---

21 APRIL
Make it simple

Koffein hat eine positive Wirkung auf unser Langzeitgedächtnis, das fanden Wissenschaftler der John Hopkins University heraus. Erinnerungen werden besser im Gedächtnis gespeichert, sogar noch 24 Stunden nach dem Trinken einer Tasse Kaffee oder Tee.

---

22 APRIL
Live mindfully

LIEBE die Wahrheit, aber verzeihe den Irrtum.

Voltaire (1694–1778)

---

23 APRIL
Feel connected

Leute, die anziehen, was ihnen steht, wirken auf mich attraktiv – es sind Persönlichkeiten, ich nenne sie stylish.

Vivienne Westwood, britische Modedesignerin

17 SEPTEMBER
Feel connected

Man sollte eine Beziehung als einen Weg sehen, den man gemeinsam zurücklegt – nicht unbedingt als reine Liebesbeziehung. Testpersonen, die über ihre Beziehung wie über eine Reise gedacht haben („Schau mal, wie weit wir gemeinsam gekommen sind"), waren glücklicher und besser gegen Tiefpunkte in ihrer Beziehung gewappnet als Romantiker, die ihre Beziehung als reine Liebe betrachteten („Wir sind füreinander geschaffen").

Quelle: *Journal of Experimental Social Psychology*

18 SEPTEMBER
Make it simple

Der Pessimist schimpft über den Wind, der Optimist hofft, dass der Wind dreht, und der Realist passt die Segelstellung an.

William Arthur Ward (1921–1994), amerikanischer Schriftsteller

19 SEPTEMBER
Feel connected

Man kann nicht *nicht* kommunizieren.

Paul Watzlawick (1921–2007), Kommunikationswissenschaftler

20 SEPTEMBER
Feel connected

It's not houses I love, it's the life I live in them.

Coco Chanel (1883–1971)

13 SEPTEMBER
Live mindfully

Was auch immer ich heute tue oder lasse – ich bin gut genug.

14 SEPTEMBER
Make it simple

Wenn jeder Mensch einen anderen Menschen glücklich machen würde, wäre die ganze Welt im Nu glücklich.

Wim Kan (1911–1983), niederländischer Kabarettist

15 SEPTEMBER
Live mindfully

Die unsichtbaren Wunden schmerzen mehr als die Wunden, die von einem Arzt behandelt werden können.

Nelson Mandela (1918–2013)

16 SEPTEMBER
Live mindfully

Bis gestern zurückzugehen wäre ganz unnütz, weil ich da jemand anderes war.

Aus: *Alice im Wunderland* von Lewis Carroll

9 SEPTEMBER
Spoil yourself

Für mich soll's rote Rosen regnen / Mir sollten sämtliche Wunder begegnen / Die Welt sollte sich umgestalten / Und ihre Sorgen für sich behalten.

Aus: *Für mich soll's rote Rosen regnen* von Hildegard Knef

10 SEPTEMBER
Live mindfully

Wähle regelmäßig kleine positive Erfahrungen aus und konzentriere dich ganz bewusst auf sie. Ich vergleiche das gern mit dem Anfachen eines Feuers: Erst zündet man es an, dann hält man es am Brennen, gibt Brennstoff hinzu, damit es auflodert, und nimmt die Wärme in sich auf. Anschließend hat man diese positive Erfahrung gespeichert und kann sie immer wieder abrufen, auch wenn gerade etwas Negatives passiert ist.

Rick Hanson, Achtsamkeitsexperte

11 SEPTEMBER
Make it simple

Prokrastination verleitet uns dazu, zu glauben, wir müssten mit großen Schritten aus unserer Wohlfühlzone schreiten – ganz oder gar nicht. Dabei muss der erste Schritt gar nicht so groß sein. Auch ein kleiner Schritt ist wichtig. Dieser gibt dir vielleicht die Motivation für einen größeren.

Aus: *Aufrecht durchs Leben* von Anthony Gunn (Fischer)

12 SEPTEMBER
Feel connected

Wenn Sie in der Politik etwas gesagt haben wollen, wenden Sie sich an einen Mann. Wenn Sie etwas getan haben wollen, wenden Sie sich an eine Frau.

Margaret Thatcher (1925–2013)

24 APRIL
Live mindfully

Stehe vor Tagesanbruch auf und gehe bei Sonnenaufgang durch den Wald, durch die Wiesen oder Dünen. Ein Sonnenuntergang ist schön, aber ein Sonnenaufgang, den man in der freien Natur erlebt, hat eine ganz besondere Magie.

25 APRIL
Make it simple

Keine Lust auf ungeliebte Hausarbeit? Höre dabei deine Lieblingsmusik und singe laut mit. Das bessert die Laune, entspannt und vermindert die Produktion von Stresshormonen. Denn indem unser Gehirn trainiert wird, eine ungeliebte Tätigkeit mit etwas Positivem zu verbinden, bringen wir Dankbarkeit und Akzeptanz in unser Leben und verändern unseren Blickwinkel.

Aus: *Gelassenheit to go* von Ashley Bush (Knaur)

26 APRIL
Feel connected

I go to loud places /
To search for someone /
To be quiet with /
Who will take me home.

Aus: *Loud Places* von Jamie xx

27 APRIL
Feel connected

Die lebendige SCHÖNHEIT der Natur kann nicht abgebildet, sondern nur dargestellt werden.

Piet Mondrian
(1872–1944)

28 APRIL
Live mindfully

Auf dem Weg zur Arbeit, nachdem ich schon meine Kinder versorgt habe und bevor es im Büro rundgeht, halte ich neuerdings irgendwo an, wo es schön grün ist, setze mich fünf Minuten auf eine Bank und tue nichts außer schauen und hören. Es ist unglaublich, wie einen das runterbringt – raus aus dem Hetzmodus, rein in einen entspannten Zustand.

Tanja Reuschling,
Flow-Redaktionsleiterin

29 APRIL
Feel connected

Wenn in Beziehungen Ärger nicht offen ausgesprochen wird, ist das ein schlechtes Zeichen. Oft ist der Grund für das Vermeiden von Streit eine Angst vor Konflikten – und damit auch eine Angst vor Nähe. Wenn man Streitigkeiten ewig aus dem Weg geht, unterminiert man den ehrlichen Kontakt zu anderen. Lässt man sie dagegen zu, verstärkt man auf Dauer Bindungen.

Rika Ponnet,
Paartherapeutin

30 APRIL
Feel connected

Ich möchte leben,
wie Franzosen
Auto fahren /
Eine Delle macht
nichts aus /
Und wenn die
Kreuzung voll ist /
Fährt man
trotzdem drauf.

Aus: *Leben wie Franzosen Auto fahren* von Wolfgang Müller

1 MAI
Make it simple

Wer nie einen Fehler gemacht hat, hat auch nie etwas Neues ausprobiert.

Albert Einstein
(1879–1955)

2 MAI
Feel connected

Faule Eltern sind kreative Eltern.

Tom Hodgkinson,
britischer Autor

3 MAI
Feel connected

MUSIK ist die NAHRUNG der Seele.

4 MAI
Spoil yourself

Lest nicht wie die Kinder, zum Vergnügen, noch wie die Streber, um zu lernen, nein, lest, um zu leben.

Gustave Flaubert
(1821–1880)

5 MAI
Live mindfully

Es hat etwas Luxuriöses, im Herzen des Chaos still zu sein.

Virginia Woolf
(1882–1941)

5 SEPTEMBER
Live mindfully

Ruth Ann Atchley, Psychologieprofessorin an der University of Kansas, hat sich wissenschaftlich mit Rucksacktouristen beschäftigt. Spezielle Untersuchungen haben ergeben, dass die Backpacker um 50 Prozent kreativer waren, nachdem sie vier Tage durch die Natur gewandert waren. Atchleys Erklärung: Natur wirkt entspannend auf den Geist, sodass Raum für Kreativität entsteht.

6 SEPTEMBER
Feel connected

Meine ideale Party sähe so aus: In einem Nachbau unseres alten Schulschlafsaals schlafen in zwei Viererreihen acht von uns. Vielleicht gibt es ein paar Kerzen, ein Feuer auf dem Kaminsims und irgendwelche tolle Musik. Und dann würden wir einfach im Dunkeln liegen und wissen, dass wir alles, was wir sagen, auch meinen, und dass wir hier sicher sind. Voilà. Absolut perfekt.

Aus: *Über das Wetter können Sie auch noch reden, wenn Sie tot sind* von Olivia Fane (Knaur)

7 SEPTEMBER
Feel connected

Hüte dich vor einem Lehrer ohne Humor.

Eckhart Tolle, Bestsellerautor spiritueller Bücher

8 SEPTEMBER
Spoil yourself

Es ist durchaus gesund, nach einem traurigen Film ein bisschen zu weinen, haben Wissenschaftler festgestellt. Filme mit tragischem Ausgang regen die Menschen dazu an, über ihr eigenes Leben nachzudenken. Dies erhöht ihre Lebenszufriedenheit, weil sie sich die positiven Seiten ihres Lebens bewusst machen.

Quelle: *Communication Research*

♥ ♥ ♥

1 SEPTEMBER
Feel connected

Ein Blumenkohl besteht aus vielen verkleinerten Kopien seiner selbst. In der Natur gibt es unzählige solcher Gebilde mit fraktaler Struktur, wie man dies nennt. In jüngeren Untersuchungen wurde nachgewiesen, dass solche Muster auf das Gehirn entspannend wirken. Dies ist eine der Erklärungen dafür, dass ein Aufenthalt in der Natur Stress reduziert.

2 SEPTEMBER
Make it simple

So geht's: Silberschmuck putzen

✳ Gib eine kleine Menge Waschsoda in eine Schüssel.
✳ Lege zusammengeknäulte Aluminiumfolie darauf.
✳ Fülle die Schüssel mit heißem Wasser.
✳ Lege deinen Schmuck hinein.
✳ Warte, bis das Wasser aufhört zu sprudeln.
✳ Spüle deinen Silberschmuck mit sauberem Wasser ab.

3 SEPTEMBER
Feel connected

You don't need a weatherman / To know which way the wind blows.

Aus: *Subterranean Homesick Blues* von Bob Dylan

4 SEPTEMBER
Live mindfully

Der größte Fehler im Leben, den man machen kann, ist, immer Angst zu haben, einen Fehler zu machen.

Dietrich Bonhoeffer (1906–1945)

28 AUGUST
Feel connected

Das Gefühl von Behaglichkeit hängt untrennbar mit der Gewissheit zusammen, dass es draußen nicht so behaglich ist.

Godfried Bomans (1913–1971), niederländischer Schriftsteller

29 AUGUST
Live mindfully

Die 5 Gebote von Tif Fussell, britische DIY-Königin:

1. Habe große Erwartungen.
2. Folge stets dem rechtschaffenen Weg der Sparsamkeit.
3. Denke immer daran, dass du großartig bist.
4. Versuche mindestens zweimal die Woche kreativ zu sein.
5. Gib Vintagesachen ein neues Zuhause. Für immer.

30 AUGUST
Feel connected

Nimm meine Hand / Wir balancieren über Dächer und Städte / Wir lassen uns fallen / Und landen da, wo der Wind uns hinträgt / Uns kann nichts passieren / Wir lassen alles, was schwer ist, einfach hier.

Aus: *Nimm meine Hand* von Andreas Bourani

31 AUGUST
Make it simple

Wenn ich neue Projekte beginne oder meine Gedanken und Pläne ordnen möchte, fertige ich Moodboards an, die ich dann über meinen Schreibtisch hänge. Dazu klebe ich Zeitungsartikel, Bilder, Stoffe und auch mal kleine Gegenstände, die mich inspirieren, mit Masking-Tape auf ein großes Holzbrett. Das hilft mir, mich auf ein Thema zu fokussieren.

Katrin Hanisch, Flow-Bildredakteurin

6 MAI
Spoil yourself

Wenn ich mein Leben noch einmal leben könnte, würde ich versuchen, mehr Fehler zu machen. Ich würde nicht mehr so perfekt sein wollen, ich würde mich mehr entspannen. Ich würde versuchen, nur mehr gute Augenblicke zu haben. Falls du es noch nicht weißt, aus diesen besteht nämlich das Leben; nur aus Augenblicken; vergiss nicht den jetzigen.

Jorge Luis Borges (1899–1986), argentinischer Schriftsteller

7 MAI
Live mindfully

Alles, was zu besitzen sich lohnt, lohnt auch, dass man darauf wartet.

Marilyn Monroe (1926–1962)

8 MAI
Live mindfully

Einfach mal einen Tag lang schweigen, das habe ich neulich auf einem Achtsamkeitsseminar ausprobiert. Erst hatte ich Sorge, dass ich das nicht aushalte. Doch ich habe mich selten in so kurzer Zeit so gut erholt – weil ich einfach mal ganz bei mir war. Ich will jetzt am Wochenende oder abends öfter zumindest mal ein paar Stunden einfach den Mund halten.

Sinja Schütte, Flow-Chefredakteurin

9 MAI
Feel connected

Wenn du eine ehrliche Antwort von deinem Gesprächspartner wünschst, bitte ihn, dass er seine Hand auf sein Herz legt. Es ist wissenschaftlich belegt, dass ein Mensch dann eher die Wahrheit sagt. Die Hand auf dem Herzen assoziiert man mit Ehrlichkeit, und dadurch ist man dann tatsächlich auch ehrlicher.

Quelle: *Journal of Nonverbal Behaviour*

10 MAI
Live mindfully

In the spring, at the end of the day, you should smell like dirt.

Margaret Atwood

11 MAI
Live mindfully

Durchhänger? Schau kurz an die Decke. Wenn man seinen Blick nach oben richtet, fühlt man sich heiterer und zufriedener. Das kommt daher, dass wir mit „hoch" unbewusst die „Spitze" und das „Beste" assoziieren. Wenn man nach unten schaut, hat das den gegenteiligen Effekt und erzeugt Niedergeschlagenheit.

Quelle: *Journal of Environmental Psychology*

12 MAI
Make it simple

Ein guter Tipp von Aufräumexpertin Donna Smallin: Bewahre Sachen, die einen ähnlichen Zweck haben, an der gleichen Stelle auf. Im Vorratsschrank stehen Nudeln und Reis zusammen. Im Kleiderschrank hängen die Hosen zusammen, die Blusen liegen auf einem Stapel. Dann weißt du, was du noch (nicht) hast.

13 MAI
Feel connected

Wenn du ein Gespenst ignorierst, wird es größer.

Grönländische Redensart

14 MAI
Make it simple

Wissenswertes: Die Erdbeere ist die einzige Frucht, die ihre Samen außen trägt.

15 MAI
Spoil yourself

Mal wieder Lust zu basteln? Oder die Wohnung aufzuhübschen? Vielleicht auf der Suche nach einer schönen Partydeko? Hier meine all-time Top 3 Do-it-yourself-Blogs:

ohhappyday.com
papernstitchblog.com
ispydiy.com

Eva-Maria Kowalczyk, Flow-Grafikerin

16 MAI
Feel connected

I love nature, I just don't want to get any of it on me.

Woody Allen

25 AUGUST
Make it simple

Im Wald und an Wegrändern wachsen verschiedene natürliche Mittel zur Linderung des Juckreizes bei Insektenstichen. Wegerich beispielsweise ist fast überall zu finden und hilft gut, sogar bei Reizungen durch Brennnesseln. Zerquetsche das Blatt und reibe damit die irritierte Haut ein. Gundelrebe hilft ebenfalls, und sie wächst häufig auch in der Nähe von Brennnesseln.

26 AUGUST
Make it simple

So bleiben Blumen in der Vase frisch:

✻ Sorge dafür, dass die Vase blitzsauber ist. Rückstände in der Vase enthalten meistens Bakterien, die die feinen Kanäle im Stängel verstopfen.
✻ Stängel mit einem Messer schräg abschneiden, damit die Schnittflächen genug Wasser aufnehmen können.
✻ Blumen vor Sonne und Luftzug schützen, sonst geben die Blumen mehr Feuchtigkeit ab, als sie aufnehmen können.

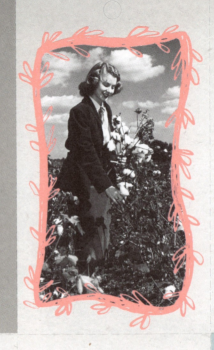

27 AUGUST
Live mindfully

Manchmal erkennt man den Wert eines Augenblick erst dann, wenn er zur Erinnerung wird.

Dr. Seuss (1904–1991), amerikanischer Kinderbuchautor

21 AUGUST
Make it simple

Wenn wir uns für eine Sache entscheiden, entscheiden wir uns gegen 99 andere Möglichkeiten.

Edward de Bono, britischer Kognitionswissenschaftler

22 AUGUST
Feel connected

♥ ♥ ♥

Amor spielen, ein Paar zusammenbringen: Zum einen entsteht dadurch eine schöne Romanze, zum anderen wird der Beziehungsstifter glücklicher, wie eine Studie der Harvard University belegt. Dies trifft vor allem dann zu, wenn die Verliebten gut zueinander passen und sich sonst nie begegnet wären.

Quelle: *Social Psychological and Personality Science*

♥ ♥ ♥

23 AUGUST
Spoil yourself

Jetzt ist Sommer /
Egal ob man schwitzt oder friert /
Sommer ist, was
in deinem Kopf passiert /
Es ist Sommer /
Ich hab das klargemacht /
Sommer ist,
wenn man trotzdem lacht.

Aus: *Jetzt ist Sommer* von den Wise Guys

24 AUGUST
Feel connected

Wer nicht vom Fliegen träumt, dem wachsen keine Flügel.

Robert Lerch, Lyriker

17 AUGUST
Live mindfully

Im Abschied liegt die Geburt der Erinnerung.

Salvador Dalí (1904–1989)

18 AUGUST
Feel connected

Uneigennütziges Glück, also die Fokussierung auf moralische Entwicklung und Gemeinschaft (jemandem helfen, ein Buch lesen oder einen Spaziergang in der Natur machen), wirkt sich positiver auf unsere Gesundheit aus als hedonistisches Glück (in einem Restaurant essen oder einen geselligen Abend in einem Straßencafé verbringen).

Quelle: *Proceedings of the National Academy of Sciences*

19 AUGUST
Make it simple

Nicht weil es schwer ist, wagen wir es nicht. Weil wir es nicht wagen, ist es schwer.

Seneca, römischer Philosoph

20 AUGUST
Make it simple

Einen individuellen Seifenspender kann man leicht selber machen. Nachdem man den Lieblings-Gin (gut sehen die Glasflaschen von Hendrick's oder Monkey 47 aus) oder die -Limonade ausgetrunken hat, die leere Flasche mit Flüssigseife befüllen und passende Seifenspenderpumpe daraufschrauben. Es gibt verschieden große Aufsätze online zu kaufen. Oder: Plastikaufsatz einer Drogerieseife abschrauben und probieren, ob er auf die Flasche passt.

Eva-Maria Kowalczyk, Flow-Grafikerin

17 MAI
Live mindfully

Auch wenn das Steinchen, das die Bewegung auf dem Wasser erzeugt hat, irgendwann vollständig im Grund versunken ist: Manche Erinnerungen hinterlassen unauslöschbare Spuren in den unergründlichen Tiefen unseres Gedächtnisses.

Ann De Craemer,
flämische Schriftstellerin

18 MAI
Spoil yourself

Die Gundelrebe duftet nicht nur angenehm, sondern schmeckt auch gut auf einem Käsebrot. Das unscheinbare Gewächs liebt den Schatten und die Nähe zur Brennnessel. Die Gundelrebe stammt aus der Kräuterfamilie, zu der auch Minze, Salbei, Thymian und Rosmarin gehören. Mit einem Esslöffel getrockneter Blätter der Gundelrebe kannst du auch einen gesunden Tee zubereiten.

19 MAI
Make it simple

Die besten Entdeckungsreisen macht man nicht in fremden Ländern, sondern indem man die Welt mit neuen Augen betrachtet.

Marcel Proust
(1871–1922)

20 MAI
Feel connected

Das Leben und dazu eine Katze, das gibt eine unglaubliche Summe.

Rainer Maria Rilke
(1875–1926)

21 MAI
Live mindfully

Wie du über dich selbst DENKST, ist viel wichtiger als das, was andere über dich DENKEN.

Seneca
(römischer Philosoph)

22 MAI
Feel connected

Ich mag es, wenn aus einem Riss im Beton eine Blume oder ein Grasbüschel wächst. Ich empfinde das als unglaublich heldenhaft.

George Carlin
(1937–2008),
amerikanischer Komiker

23 MAI
Make it simple

Bei den kleinen schwarzen Fliegen, die leider oftmals die Blumenerde von Zimmerpflanzen bevölkern, handelt es sich um Trauermücken, die sich rasant vermehren. Abhilfe schaffen Streichhölzer: mit dem Zündkopf in die Erde stecken, der enthaltene Schwefel tötet die Larven.

24 MAI
Feel connected

When you do something noble and beautiful and nobody noticed, do not be sad. For the sun every morning is a beautiful spectacle and yet most of the audience still sleeps.

John Lennon
(1940–1980)

25 MAI
Live mindfully

Dass man sich ab und zu nicht so toll fühlt, gehört genauso zu einem guten Leben wie Optimismus, Sicherheit und Fairness.

Alain de Botton, britischer
Schriftsteller und Philosoph

26 MAI
Feel connected

Stachelschweine werden – zum Glück für ihre Mütter – ohne Stacheln geboren. Aber schon innerhalb der ersten 24 Stunden beginnen die Stacheln zu wachsen.

27 MAI
Feel connected

Kusselkopp.
Purzigogl.
Bullewums.
Kopsibolter.
Oder eben:
Rolle vorwärts.

Heute ist Welttag
des Purzelbaums.

28 MAI
Live mindfully

Wenn du etwas wagst, wächst dein Mut. Wenn du zögerst, wächst deine Angst.

Mahatma Gandhi
(1869–1948)

13 AUGUST
Make it simple

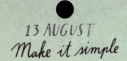

Es ist gar nicht notwendig, dass man alles kauft. Leihen und Tauschen ist viel sinnvoller und macht Spaß. Schau mal unter fairleihen.de, wir.de, dietauschboerse.de oder lifethek.de

---

14 AUGUST
Spoil yourself

Der Mensch lebt nicht vom Brot allein. Nach einer Weile braucht er auch einen Drink.

Woody Allen

---

15 AUGUST
Feel connected

Kunst und Philosophie helfen uns, wie Schopenhauer es formuliert hat, Leid in Trost zu verwandeln. Künstler und Philosophen machen uns nicht nur deutlich, was wir empfunden haben, sondern geben auch eine treffendere und sinnigere Darstellung unserer Erfahrungen, als es uns je möglich wäre.

Alain de Botton,
britischer Schriftsteller
und Philosoph

---

16 AUGUST
Feel connected

Bei uns sagt man, dass eine schwarze Katze Unglück bringt. In Japan hingegen sagt man, dass sie Glück bringt.

---

9 AUGUST
Feel connected

Die amerikanischen Psychologen Kirk W. Brown und Tim Kasser haben untersucht, wie ein bewusster und achtsamer Umgang mit der Natur mit dem Lebensglück zusammenhängt. Die Wissenschaftler haben herausgefunden, dass Menschen, die sich bewusst für Nachhaltigkeit einsetzen, glücklicher sind. Wenn man bewusst lebt, fühlt man sich eher als Teil eines großen Ganzen. Diese Einstellung macht glücklicher als der Gedanke, allein auf einer Insel zu sein.

---

10 AUGUST
Live mindfully

5 kleine Glücksmomente:

∗ Ein Lob für etwas, das man besonders gern tut
∗ Wenn meine Freundin und ich im selben Moment dasselbe sagen
∗ Richtig ausgeschlafen wach werden
∗ Auf die allererste Seite eines neuen Notizbuchs schreiben
∗ Jemanden singen hören, der denkt, dass man ich nicht hört

Viele, viele mehr: justlittlethings.net

---

11 AUGUST
Make it simple

Wenn du eine Aufgabe hast, die größte Sorgfalt erfordert, schau dir vorher Bilder von jungen Katzen oder Hunden an. Junge, noch unselbstständige Tiere aktivieren einen tief verankerten Fürsorgeinstinkt. Japanischen Wissenschaftlern zufolge werden wir dadurch sorgfältiger und können uns besser in eine Sache vertiefen.

---

12 AUGUST
Feel connected

For most of history, „Anonymous" was a woman.

Virginia Woolf
(1882–1941)

---

5 AUGUST
Spoil yourself

Ehrlich gesagt, meine Liebe, das ist mir egal.

Aus dem Film *Vom Winde verweht*

(Das Zitat wurde vom American Film Institute zum besten Filmzitat aller Zeiten gewählt.)

---

6 AUGUST
Feel connected

Veränderung wird nicht kommen, wenn wir auf jemand anderen oder auf eine andere Zeit warten. Wir sind diejenigen, auf die wir gewartet haben. Wir sind die Veränderung, die wir suchen.

Barack Obama

---

7 AUGUST
Make it simple

„Nach dem Essen Zähneputzen nicht vergessen" – diesen Spruch kennen wir alle. Doch wenn du säurehaltige Speisen gegessen hast, solltest du mindestens eine halbe Stunde warten. Denn die weichen den Zahnschmelz auf, und putzt du direkt nach dem Essen, wird die wertvolle Schutzschicht bis zu fünfmal mehr abgetragen.

---

8 AUGUST
Spoil yourself

Einfach und lecker: Radieschen kannst du auch noch im August säen. Streue die Samen in Saatrillen einen Zentimeter tief ein und bedecke sie mit Erde (jeweils etwa vier Zentimeter Abstand zwischen den Saatkörnern). Bereits nach knapp vier Wochen kannst du anfangen zu ernten.

29 MAI
Spoil yourself

Wenn ich mir schnell was Gutes tun möchte, backe ich Pfannkuchen. Mmh, so lecker. Sie schmecken für mich nach pappsatt, Glück und Zuhause.

Sinja Schütte,
Flow-Chefredakteurin

30 MAI
Make it simple

Um die Füße auf einer längeren Wanderung vor Übermüdung und auch vor Blasen zu schützen, sollte man Beifußzweige in die Schuhe legen. Beifuß wächst an Wegrändern und auf Brachflächen.

31 MAI
Live mindfully

Vorteile des Reisens: Es weitet das Blickfeld und zeigt uns, wie herrlich es zu Hause ist.

Simon Carmiggelt
(1913-1987),
niederländischer
Schriftsteller

1 JUNI
Live mindfully

Mein liebstes Entspannungsinstrument ist neuerdings ein Minispringbrunnen, der einen festen Platz auf meiner Terrasse gefunden hat. Nicht dass ich den besonders schön finde, aber wenn ich ihn anstelle und das Wasser so schön plätschert, fühle ich mich, als wäre ich irgendwo mitten in der Natur – obwohl ich mitten in der Stadt in meinem sehr überschaubaren Gärtchen sitze.

Tanja Reuschling,
Flow-Redaktionsleiterin

2 JUNI
Make it simple

Brüte nicht ständig über deinen Sorgen, sonst schlüpfen sie aus.

3 JUNI
Feel connected

Leserin, meine Geschichte endet mit der Freiheit, nicht wie gemeinhin üblich mit einer Heirat.

Harriet Jacobs (1813-1897),
afroamerikanische
Schriftstellerin, die der
Sklaverei entfliehen konnte

4 JUNI
Feel connected

„Ich habe das extra für dich gebacken." „Weil du das so gern magst, habe ich es heute Abend für dich gekocht." „Ich sah das und habe sofort an dich gedacht." Wenn du aussprichst, dass du es mit dem anderen gut meinst, beeinflusst du dessen Wahrnehmung. Plätzchen, die mit Liebe für eine bestimmte Person gebacken worden sind, schmecken wirklich besser, wie eine Studie belegt.

Quelle: *Social Psychological and Personality Science*

5 JUNI
Make it simple

Whether you think you can, or think you can't, you're right.

Henry Ford
(1863-1947)

6 JUNI
Spoil yourself

Für mich ist das totaler Luxus, es mir tagsüber mit einem guten Buch oder einer Zeitung gemütlich zu machen. Oft hat man doch selbst am Wochenende so viel auf dem Zettel, dass dafür keine Zeit bleibt. Ich versuche, sie mir jetzt ganz bewusst zu nehmen. Manchmal auch gleich morgens, wenn mein Sohn zur Schule gegangen ist. Dann koche ich mir noch einen Kaffee und lese so lange, bis ich ihn ausgetrunken habe.

Anne Otto,
Flow-Redakteurin

7 JUNI
Make it simple

Zwei-Minuten-Arbeit: Sortiere deine Post. Mache aus dem einen großen Stapel drei Stapel: wegwerfen, erledigen, ablegen. Den Stapel „wegwerfen" kannst du sofort zum Altpapier geben.

8 JUNI
Live mindfully

Wenn du dich gehetzt und gestresst fühlst, setze dich kurz an einen ruhigen Ort und konzentriere dich auf deine Atmung. Atme ruhig ein und aus und nimm deine Gedanken und Gefühle wahr – wie sie kommen und wieder gehen.

1 AUGUST
Feel connected

Ich kann ziemlich witzig sein, wenn du willst. Nachdenklich, klug, abergläubisch, tapfer, vielleicht ein guter Tänzer. Ich kann sein, was du willst. Sag mir, was ich sein soll, und ich bin es für dich.

Aus dem Film *Wie ein einziger Tag*

2 AUGUST
Spoil yourself

Wenn du einen großen Schritt zu mehr Selbstvertrauen tun willst, mache dir keine Gedanken mehr darüber, was andere Leute denken, sondern tu das, was du für richtig hältst. Das Interessante daran ist, dass andere Leute dich dann immer netter finden.

Robert Haringsma, Begründer des Amsterdamer Instituts für Positive Psychologie

3 AUGUST
Spoil yourself

Oft ist das Denken schwer, indes, das Schreiben geht auch ohne es.

Wilhelm Busch (1832–1908)

4 AUGUST
Live mindfully

I think having land and not ruining it is the most beautiful art that anybody could ever want.

Andy Warhol (1928–1987)

---

29 JULI
Live mindfully

Es ist nicht wichtig, was du betrachtest, sondern was du siehst.

Henry David Thoreau (1817–1862), amerikanischer Schriftsteller und Philosoph

30 JULI
Make it simple

Wenn die Thermoskanne innen einen braunen Belag hat: heißes Wasser und drei Esslöffel Waschsoda hineingeben und über Nacht einweichen lassen. Der dunkle Belag verschwindet – und die Kanne ist auch wieder geruchs- und geschmacksneutral.

31 JULI
Feel connected

Wenn du abends mit deinem Partner gemütlich auf dem Sofa sitzt, solltest du auf Smartphone und Laptop verzichten. Wer twittert oder chattet, ist abgelenkt, und das ist schlecht für die Beziehung. Studien belegen, dass die Nutzung von sozialen Netzwerken sogar das Fremdgehen fördert.

Quelle: *Cyberpsychology, Behaviour and Social Networking*

---

25 JULI
Feel connected

Ach ja, das ist nichts Besonderes. Seien Sie nett zu Ihren Nachbarn, vermeiden Sie fettes Essen, lesen Sie ein paar gute Bücher, machen Sie Spaziergänge und versuchen Sie, in Frieden und Harmonie mit Menschen jeden Glaubens und jeder Nation zu leben.

Aus dem Monty-Python-Film *Der Sinn des Lebens*

26 JULI
Live mindfully

Achtsamkeitsübung:

Sprich heute aufmerksam und höre aufmerksam zu. Kannst du zuhören, ohne in dem betreffenden Moment das Gesagte durch Zustimmung oder Ablehnung zu bewerten? Ohne das Gesagte gut oder nicht gut zu finden? Oder denkst du sofort darüber nach, was du selbst sagen wirst?

27 JULI
Make it simple

Es hat keinen Sinn, Angst vor Dingen zu haben, über die man nichts weiß.

Donna Tartt, amerikanische Schriftstellerin

28 JULI
Feel connected

Du bleibst in den Sommerferien zu Hause? Kaufe doch einfach trotzdem ein paar schöne Postkarten (oder gestalte selbst welche) und verschicke sie an liebe Freunde.

9 JUNI
Make it simple

Wenn du frische Kräuter übrig hast, für die du gerade keine Verwendung findest, dann friere sie ein. Einfach klein schneiden und mit etwas Wasser in eine Eiswürfelform geben. Geht auch gut: Olivenöl oder geschmolzene Butter statt Wasser. Geht nicht gut: Basilikum.

10 JUNI
Live mindfully

Humor, Zuneigung und Freundschaft kann man als magische Waffen bei Konflikten einsetzen.

John Gottman, amerikanischer Psychologe

11 JUNI
Feel connected

Ich hoffe immer noch, dass ich die Welt ein wenig besser verlasse, als ich sie vorgefunden habe.

Jim Henson (1936–1990), Puppenspieler und Erfinder der *Muppet Show*

12 JUNI
Feel connected

Die Sozial- und Kulturgeografin Jeanet Kullberg hofft, dass sich der Trend zu überwiegend gefliesten Gärten wieder umkehrt. Gärten mit Blumen und Sträuchern tragen zum Wohlbefinden der Menschen bei, die in der Nachbarschaft wohnen. In grünen Wohngegenden machen die Bewohner häufiger einen Spaziergang und begegnen sich deshalb auch öfter. Sie kommen eher zur Ruhe und finden mehr Entspannung.

13 JUNI
Live mindfully

It ain't what you do / It's the way that you do it.

Bananarama

14 JUNI
Feel connected

Leidet deine Beziehung gerade ein bisschen unter dem Alltagstrott? Mit einem befreundeten Paar essen zu gehen ist dann eine gute Idee. Eine Untersuchung der Wayne State University hat gezeigt, dass es für die eigene Beziehung befriedigend und belebend ist, wenn man mit einem anderen Pärchen ausgeht.

15 JUNI
Feel connected

Die Natur ist kein Ort, den man besucht. Sie ist das Zuhause.

GARY SNYDER

16 JUNI
Live mindfully

Einer Studie der Freien Universität Amsterdam zufolge sind Stärken wie Durchsetzungsvermögen und Organisationstalent für den Erfolg im Leben fünfmal wichtiger als Intelligenz. Motivation ist doppelt so wichtig.

17 JUNI
Feel connected

An sich ist nichts entweder gut oder böse, sondern das Denken macht es erst dazu.

Aus: *Hamlet* von William Shakespeare (1564–1616)

18 JUNI
Feel connected

Einige der brillantesten und kreativsten Menschen, die ich kenne, waren nicht gut in der Schule. Viele von ihnen entdeckten erst, was sie konnten – und wer sie eigentlich waren –, nachdem sie die Schule verlassen und sich vom Unterricht erholt hatten.

Ken Robinson, britischer Autor

19 JUNI
Spoil yourself

♥ ♥ ♥

Ich brauche das Alleinsein. Es macht mich glücklich, von Samstagabend bis Montagmorgen allein in meinem Apartment zu sein. So erhole ich mich am besten.

Audrey Hepburn (1929–1993)

♥ ♥ ♥

20 JUNI
Live mindfully

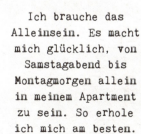

Ein Schiff, das im Hafen liegt, ist sicher. Aber dafür werden Schiffe nicht gebaut.

21 JULI
Live mindfully

Wenn du das tust, was du immer getan hast, bekommst du das, was du immer bekommen hast.

22 JULI
Spoil yourself

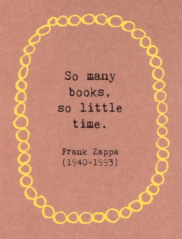

So many books, so little time.

Frank Zappa (1940-1993)

23 JULI
Spoil yourself

Die fünf besten Romanfluchten:

* *Menschen im Hotel* von Vicki Baum
* *Auf der Suche nach Indien* von E. M. Forster
* *Moby Dick* von Herman Melville
* *Die wilden Detektive* von Roberto Bolaño
* *Krabat* von Otfried Preußler

Tipp aus: *Die Romantherapie. 253 Bücher für ein besseres Leben* (Insel)

24 JULI
Spoil yourself

„Staycation" statt „Vacation": Ich bleibe in den Ferien zu Haus, aber sage allen, ich wäre weg. Ich schalte das Handy aus und trudele durch die Stadt. Besuche Museen, mache eine Hafenrundfahrt – Dinge, die man dort, wo man wohnt, sonst nie macht. Vielleicht übernachte ich dieses Jahr auch mal im Hotel und genieße das Ferienpaket mit Frühstücksbuffet und Massagen.

Maja Beckers, Flow-Autorin

17 JULI
Feel connected

Sei anderen gegenüber hilfsbereit, mitfühlend, dankbar. Aber erfülle nicht ihre Erwartungen. Du wirst dann weniger leere Gesten machen und kannst leben, wie du möchtest.

Leo Babauta, Zen-Lehrer

18 JULI
Live mindfully

Du lässt dich nach einem anstrengenden Tag gern vor den Fernseher fallen? Manchmal wirkt das entspannend, aber wenn man sehr gestresst ist, sollte man lieber etwas anderes tun: ein Bad nehmen, spazieren gehen, Sport treiben. Mediennutzung führt bei Menschen mit einem hohen Erschöpfungsgrad zu einem schlechten Gewissen und dem Gefühl des Versagens.

Quelle: *Journal of Communication*

19 JULI
Spoil yourself

Ich habe die Natur, die Kunst und die Poesie. Wenn das nicht genug ist, was ist dann genug?

Vincent van Gogh (1853-1890)

20 JULI
Feel connected

In unserer Gesellschaft bewundert man die Menschen am meisten, die Brücken, Wolkenkratzer und Imperien bauen. Dabei sind die Großartigsten und Bewundernswertesten in Wirklichkeit diejenigen, die auf die Liebe bauen. Ein größeres und schwierigeres Unterfangen gibt es nämlich nicht.

Aus: *Die Wahrheit über den Fall Harry Quebert* von Joël Dicker

13 JULI
Live mindfully

Immer nur positive Gedanken zu haben ist etwa so wahrscheinlich, wie im Lotto zu gewinnen. Es ist völlig normal, bei Vorbereitungen auf das Verlassen deiner Wohlfühlzone negative Gedanken zu haben. Nimm diese Gedanken wahr, gib ihnen Raum, ohne sie zu verurteilen: Gehe weiter aufrecht auf dein Ziel zu. So wirst du frei.

Aus: *Aufrecht durchs Leben* von Anthony Gunn (Fischer)

14 JULI
Live mindfully

Auch eine schwere Tür hat nur einen kleinen Schlüssel nötig.

Charles Dickens (1812-1870)

15 JULI
Spoil yourself

Der Schaukelstuhl kommt wieder zu Ehren. Denn Schaukeln kann dazu beitragen, Unruhe und Stressgefühle zu mildern. Amerikanischen Wissenschaftlern zufolge wirkt sich leichtes Wiegen (auf einer Schaukel oder einem Stuhl) positiv auf Ängstlichkeit, Anspannung oder Depressionen aus.

Quelle: *Psychologie heute*

16 JULI
Spoil yourself

Eine Party ohne Kuchen ist nur ein Meeting.

Julia Child (1912–2004), amerikanische Starköchin und Autorin

21 JUNI
Feel connected

Party geplant? Wie wäre es mit der mexikanischen Variante von Topfschlagen, denn die macht mega Spaß (nicht nur Kindern!) und sieht super aus. Die bunten Figuren aus Pappmaschee gibt's mittlerweile in allen erdenklichen Formen: Egal ob als Einhorn, Wassermelone oder Eistüte, es gilt, die in der Luft hängende Piñata kaputtzuschlagen, damit die Füllung (Süßigkeiten!) herausfällt.

Eva-Maria Kowalczyk,
Flow-Grafikerin

22 JUNI
Spoil yourself

Und was jetzt? Nichts.

23 JUNI
Feel connected

Fahrten in öffentlichen Verkehrsmitteln können sehr unbefriedigende Momente sein. Es gibt aber eine einfache Lösung. Wenn du mit einer fremden Person ein kurzes freundliches Gespräch führst, machst du eine langweilige Fahrt zu einem unterhaltsamen Erlebnis, ergab eine Untersuchung der University of Chicago. Das ist auch angenehmer, als Zeitung zu lesen oder sich mit dem Mobiltelefon zu beschäftigen.

Quelle: *The Journal of Experimeutal Psychology*

24 JUNI
Make it simple

Zwei-Minuten-Arbeit: Aufräumen

Nimm dir ein bestimmtes Zimmer vor. Lege alle Sachen in einen Korb, die nicht in das Zimmer gehören. Wenn du später ein paar Minuten Zeit hast, bringe die Sachen dorthin, wo sie hingehören. Alles, was in eine andere Etage gehört, steckst du in einen Sack, den du an die Treppe stellst (und bei der nächsten Gelegenheit mit nach oben oder unten nimmst).

25 JUNI
Live mindfully

Was ich vom Leben gelernt habe, kann ich in drei Worte fassen: Es geht weiter.

Robert Frost
(1874–1963),
amerikanischer Dichter

26 JUNI
Make it simple

Orkane mit Frauennamen kosten mehr Menschenleben als Orkane mit Männernamen. Wahrscheinlich ergreifen die Menschen vor einem „männlichen" Orkan früher die Flucht.

Quelle: sciencedaily.com

27 JUNI
Live mindfully

Im Namen Gottes, halte einen Moment inne, hör auf zu arbeiten und schau dich um.

Leo Tolstoi (1828–1910),
russischer Schriftsteller

28 JUNI
Make it simple

Plane Konferenzen für den Vormittag. Sie dauern dann nicht so lang, weil alle Teilnehmer noch mit anderen Arbeiten vorankommen möchten.

29 JUNI
Feel connected

In den 70er-Jahren waren die Künstler Marina Abramović und Ulay ein Paar. Als sie sich trennten, wanderten sie die Chinesische Mauer entlang, jeder von einem Ende. Sie trafen sich in der Mitte für eine allerletzte Umarmung, danach sahen sie sich nie wieder. Bis Ulay 2010 bei ihrer Schweigeperformance im New Yorker MoMA auftaucht. Was dann passiert, rührt zu Tränen: tinyurl.com/qfvbtzs

30 JUNI
Live mindfully

Wirst du manchmal melancholisch, weil das Leben so schnell vergeht? Bedenke, dass das Schönste wahrscheinlich noch kommt. Untersuchungen zeigen, dass ältere Menschen glücklicher und stabiler sind als junge Menschen. Die positivsten Gefühle erleben Menschen, die weit über 60 sind.

Quelle: *NRC Weekend*

1 JULI
Make it simple

Mundraub.org ist eine Onlineplattform, auf der eine webbasierte Karte die Standorte von Obst und Kräutern im öffentlichen Raum abbildet: Gib einfach deinen Standort ein und finde köstliche Schätze zum Selbererenten in deiner Nähe.

9 JULI
Live mindfully

Die vier beliebtesten Arten, Stresssymptome mithilfe der Natur zu mildern:

* Aufs Meer schauen.
* Spazieren gehen.
* Den Vögeln lauschen.
* Den Duft von frisch gemähtem Gras einatmen.

---

10 JULI
Live mindfully

Es muss im Leben Raum für Schmerz, Angst und Melancholie geben. Man braucht sich keine Vorwürfe zu machen, wenn es einem nicht gelingt, immer optimistisch zu sein.

Alain de Botton, britischer Schriftsteller und Philosoph

---

11 JULI
Feel connected

Warte auf das Wunder wie der Gärtner auf den Frühling.

Antoine de Saint-Exupéry (1900–1944)

---

12 JULI
Live mindfully

Leben alleine ist nicht genug. Sonne, Freiheit und eine kleine Blume braucht man auch.

Hans Christian Andersen (1805–1875)

---

6 JULI
Spoil yourself

Der längste Kuss der Welt fand 2013 in Thailand statt und dauerte unglaubliche 58 Stunden und 35 Minuten. Wir knutschen heute auch einfach mal extraviel, denn heute ist der Internationale Tag des Kusses.

---

7 JULI
Spoil yourself

Es ist schon länger bekannt, dass Erlebnisse glücklicher machen als Sachen, die man kauft. Anders verhält es sich, wenn man erfahrungsbezogene Produkte kauft, wie Bücher, Musikinstrumente oder Sportartikel. Diese Produkte, die bei der Entwicklung neuer Fertigkeiten und Kenntnisse helfen, tragen durchaus zum persönlichen Glücksempfinden bei.

Quelle: *Journal of Consumer Psychology*

---

8 JULI
Make it simple

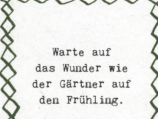

Wenn du glaubst, dass du zu klein bist, um etwas bewirken zu können, dann versuche mal, mit einer Mücke im Zimmer einzuschlafen.

Anita Roddick (1942–2007), Gründerin von The Body Shop

---

2 JULI
Make it simple

Erledige Arbeiten, die weniger als fünf Minuten Zeit kosten, am besten sofort. Dann brauchst du sie nicht mehr im Kopf zu behalten oder auf deine To-do-Liste zu schreiben.

---

3 JULI
Feel connected

Ich backe auch im Sommer Kekse. Zum Glück gibt es immer mehr Ausstechförmchen, die nichts mit Weihnachten zu tun haben: Schuhe, Anker, App-Symbole etc. Ausrollen, ausstechen, aufs Blech legen, das entspannt mich. Aber das Schönste ist das Verschenken im Sommer: Diese ehrliche Freude, weil niemand damit rechnet.

Maja Beckers, Flow-Autorin

---

4 JULI
Live mindfully

Wir messen vielen Sachen einen hohen emotionalen Wert bei. Sei es einem Foto von einem lieben Menschen, einem Geschenk von einem Familienmitglied, einem Souvenir von einer Reise. Diese Sachen enthalten aber nicht wirklich die Erinnerung oder die Liebe, die wir ihnen zuordnen. Deshalb ist es eine gute Übung, die Sachen loszulassen und gleichzeitig die Liebe und die Erinnerung festzuhalten.

Leo Babauta, Zen-Lehrer

---

5 JULI
Feel connected

Beim Lesen können wir an viele Orte reisen, vielen Menschen begegnen und die Welt besser verstehen.

Nelson Mandela (1918–2013)